WISSEN FÜR DIE PRAXIS

Weiterführend empfehlen wir:

Immobilien als Kapitalanlage clever finanzieren
ISBN 978-3-8029-4191-7

Abc des Mietrechts
ISBN 978-3-8029-3345-5

So viel ist Ihr Haus wert
ISBN 978-3-8029-4162-7

Weitere Titel unter: www.WALHALLA.de

Wir freuen uns über Ihr Interesse an diesem Buch. Gerne stellen wir Ihnen zusätzliche Informationen zu diesem Programmsegment zur Verfügung.
Bitte sprechen Sie uns an:
E-Mail: WALHALLA@WALHALLA.de
https://www.WALHALLA.de
Walhalla Fachverlag · Haus an der Eisernen Brücke · 93042 Regensburg
Telefon 0941 5684-0 · Telefax 0941 5684-111

WALHALLA

Peter Depré (Hg.)

Immobilien günstig ersteigern

So bereiten Sie sich optimal vor

14., aktualisierte Auflage

WALHALLA Rechtshilfen

Bibliografische Information der Deutschen Nationalbibliothek
Die Deutsche Nationalbibliothek verzeichnet diese Publikation in der Deutschen Nationalbibliografie; detaillierte bibliografische Daten sind im Internet über www.dnb.de abrufbar.

Zitiervorschlag:
Peter Depré (Hg.), Immobilien günstig ersteigern
Walhalla Fachverlag, Regensburg 2026

Walhalla
Mediengruppe

WALHALLA – eine Marke der Walhalla Mediengruppe

14., aktualisierte Auflage
Bearbeitungsstand: 1. Juli 2026

Kontakt bei Fragen zur Produktsicherheit:
Walhalla u. Praetoria Verlag GmbH & Co. KG, Haus an der Eisernen Brücke, 93042 Regensburg, E-Mail: produktsicherheit@walhalla.de, Telefon: 0941 5684-0

Produktion: Walhalla Mediengruppe, Regensburg
Umschlaggestaltung: grubergrafik, Augsburg
Printed in Germany
ISBN 978-3-8029-3184-0

Zur Walhalla Mediengruppe gehören die Marken WALHALLA, Deichmann+Fuchs und metropolitan.

Inhaltsverzeichnis

„Ein Häuschen im Grünen": Erfüllen Sie sich Ihren Traum!

Der Erwerb von Immobilien im Wege der Zwangsversteigerung erfreut sich seit vielen Jahren eines ungebrochenen Interesses. Nachdem die Zahl der Versteigerungsverfahren aufgrund des Immobilienbooms bis zum Ausbruch des Ukrainekrieges mit seinen Auswirkungen über längere Zeit rückläufig war, ist in jüngster Zeit wieder ein deutlicher Anstieg zu verzeichnen. Bundesweit werden zunehmend Immobilien und Grundstücke zwangsversteigert. Ursachen hierfür sind insbesondere die gestiegenen Finanzierungskosten, wirtschaftliche Unsicherheiten sowie die nach wie vor angespannte wirtschaftliche Situation vieler privater Schuldner und Unternehmen. Damit gewinnt die Zwangsversteigerung sowohl für Eigennutzer, die ein Familienheim zu Eigentum erwerben wollen, als auch für Kapitalanleger, die sichere Anlagemöglichkeiten suchen, erneut verstärkt an Bedeutung.

Mit der wieder steigenden Zahl der Verfahren wächst zugleich das Bedürfnis nach verlässlicher Information. Denn die Teilnahme an einem Versteigerungsverfahren eröffnet die Chance, Immobilien zu günstigen Konditionen zu erwerben; sie ist jedoch mit rechtlichen, wirtschaftlichen und tatsächlichen Risiken verbunden. Fehlende Kenntnisse über den Verfahrensablauf, die Bedeutung des gerichtlichen Verkehrswertgutachtens, bestehende und eventuell weiter bestehende Rechte Dritter oder die finanziellen Folgen des Zuschlags können schnell zu kostspieligen Fehlentscheidungen führen.

Zwar hält das digitale Zeitalter auch bei den Gerichten Einzug, wobei von einem vollständig digitalen Verfahren keine Rede sein kann. Zwar müssen Anwälte über das besondere elektronische Anwaltspostfach (beA) mit Gerichten kommunizieren und die Gerichte eine elektronische Akte führen, aber ein digitales Verfahren gibt es noch nicht. Was sich verbessert hat, ist die Informationsbeschaffung über Versteigerungstermine und der elektronische Zugang zu den Verkehrswertgutachten, insbesondere über das bundeseinheitliche Justizportal des Bundes und der Länder.

Die vorliegende Neuauflage verfolgt deshalb unverändert das Ziel, Interessenten sicher und praxisnah durch das komplexe Verfahren zu führen und dieses transparent zu machen. Sie erläutert Schritt für Schritt den Ablauf eines Immobilienerwerbs in einer Zwangsversteigerung, von der Suche nach geeigneten Objekten über die Auswertung des Gutachtens und die Vorbereitung auf den Versteigerungstermin bis hin zu den Rechtsfolgen des Zuschlags. Zahlreiche Hinweise aus der anwaltlichen Praxis, Beispiele, Checklisten und Muster sollen dem Leser helfen, Chancen realistisch einzuschätzen und Risiken frühzeitig zu erkennen, um fundierte Entscheidungen treffen zu können. Besonderes Augenmerk wurde auch in dieser Auflage darauf gelegt, die Darstellung an die aktuelle Rechtsentwicklung sowie an die praktische Handhabung durch die Gerichte und Marktteilnehmer anzupassen. Ziel bleibt es, den komplexen Verfahrensablauf anschaulich zu machen und dem Leser einen zuverlässigen Begleiter an die Hand zu geben, der sowohl Einsteigerinnen und Einsteigern als auch erfahrenen Bietinteressierten Orientierung bietet.

Mannheim, im Juli 2026
Peter Depré, Herausgeber

Abkürzungen

Abkürzung	Bezeichnung
Abs.	Absatz
Anl.	Anlage
Art.	Artikel
beA	besonderes elektronisches Anwaltspostfach
BGB	Bürgerliches Gesetzbuch
BGH	Bundesgerichtshof
DDR	Deutsche Demokratische Republik
EGBGB	Einführungsgesetz zum Bürgerlichen Gesetzbuch
eGBR	eingetragene Gesellschaft bürgerlichen Rechts
EU	Europäische Union
e. V.	eingetragener Verein
Fl. Nr.	Flurnummer
FlSt	Flurstück
GbR	Gesellschaft bürgerlichen Rechts
GKG	Gerichtskostengesetz
GmbH	Gesellschaft mit beschränkter Haftung
GNotKG	Gerichts- und Notarkostengesetz
KG	Kommanditgesellschaft
KV GKG	Kostenverzeichnis zum Gerichtskostengesetz
KV GNotKG	Kostenverzeichnis zum Gerichts- und Notarkostengesetz
Lfd. Nr.	laufende Nummer
LG	Landgericht
LPartG	Lebenspartnerschaftsgesetz
NJW	Neue Juristische Wochenschrift
Nr.	Nummer
OG	Obergeschloss
OHG	Offene Handelsgesellschaft
OLG	Oberlandesgericht

Abkürzung	Bezeichnung
Rpfleger	Der Deutsche Rechtspfleger (juristische Fachzeitschrift)
UStG	Umsatzsteuergesetz
VVG	Gesetz über den Versicherungsvertrag
WEG	Wohnungseigentumsgesetz
WoBindG	Wohnungsbindungsgesetz
ZPO	Zivilprozessordnung
ZVG	Zwangsversteigerungsgesetz

1.

Was Sie zuerst wissen müssen

1

1.1 Wo werden Immobilien versteigert?

Immobilienversteigerungen erfolgen beim Amtsgericht, und zwar grundsätzlich beim Amtsgericht, in dessen Grundbuchbezirk die Immobilie eingetragen ist (§ 1 ZVG). Ausnahmsweise kann aber bestimmt sein, dass ein Amtsgericht (meist am Sitz des Landgerichts) für mehrere Amtsgerichte die Versteigerung durchführt.[1]

Die Versteigerung selbst erfolgt meist im Sitzungssaal des Gerichts, ausnahmsweise aber – besonders in Dörfern – in Gemeinderäumen oder Gastwirtschaften.

1.2 Wer versteigert?

Die Versteigerung wird vom sogenannten Rechtspfleger durchgeführt, das heißt weder vom Notar noch vom Gerichtsvollzieher; Letzterer versteigert nur „Mobilien" (z. B. einen Fernseher). Der Rechtspfleger ist ein besonders ausgebildeter Beamter des gehobenen Justizdienstes, der Entscheidungen zu treffen hat, die früher vom Richter getroffen worden sind. Seine Entscheidungen sind somit vollgültige Gerichtsentscheidungen. Wer immer mit einem Anliegen zum Gericht kommt, beispielsweise zum Nachlass-, Familien- oder Registergericht, wird meist als Gesprächspartner einen Rechtspfleger haben.

Dem Rechtspfleger zur Seite steht die Geschäftsstelle, in der Beamte des mittleren Dienstes oder Angestellte die organisatorische Arbeit erledigen und die Akten verwahren.

1.3 Was wird versteigert?

Das Bürgerliche Gesetzbuch (BGB) enthält eine „eiserne Regel", wonach der Eigentümer eines Grundstücks auch immer der Eigentümer des darauf errichteten Hauses sein muss. Wer daher ein Grundstück ersteigert, erhält zugleich auch das Eigentum an dem Gebäude, das auf diesem Grundstück steht. Das Gericht versteigert keine Häuser, sondern Grundstücke, auf welchen eben Häuser stehen können. Deshalb wird im Versteigerungstermin auch immer nur vom „Grundstück" und

---

1 Eine Übersicht der Amtsgerichte, die Versteigerungen durchführen, finden Sie unter: www.zwangsversteigerungen.de

nicht vom „Haus“ gesprochen werden. Daher wird auch in diesem Buch nur vom Grundstück als Erwerbsobjekt die Rede sein.

Neben bebauten Grundstücken versteigern die Gerichte auch unbebaute Grundstücke, zum Beispiel Bauplätze, Äcker, Gärten oder Wiesen.

Schon vor über hundert Jahren hat die vorgenannte „eiserne Regel“ zu Problemen geführt, da es nicht genügend Bauplätze gab und deren Eigentümer auch nicht verkaufen wollten. Der Gesetzgeber musste sich etwas einfallen lassen, um diese Einschränkung zu umgehen – und hat das sogenannte Erbbaurecht eingeführt.

Erbbaurecht

Man denke sich einen unsichtbaren Teppich, der über das Grundstück ausgebreitet wird; das Haus wird nicht auf dem Grundstück, sondern auf diesem „Rechtsteppich“ erbaut. Grundstückseigentümer und Eigentümer des Hauses können dann auseinanderfallen, denn das Haus steht – rechtlich gesehen – nicht auf dem Grundstück. Ein solches Erbbaurecht kann man ebenfalls ersteigern. Dabei erwirbt man den „Rechtsteppich“ zusammen mit dem Eigentum am Haus. Was hierbei besonders zu beachten ist, lesen Sie in Kapitel 8.1.

Wohnungseigentum

Schließlich reichte auch dies in Ballungsgebieten nicht mehr aus, um genügend Wohnraum zu schaffen – man erfand das Wohnungseigentum. Hier wird der „eiserne Grundsatz“ dadurch gewahrt, dass der Wohnungseigentümer zugleich Miteigentümer des Grundstücks (oder Mitberechtigter des Erbbaurechts) wird. Ihm gehört somit ein Teil des Grundstücks sowie des Gemeinschaftseigentums und dazu (als Alleineigentum) seine Wohnung, eventuell noch ein Garagenplatz oder auch ein kleiner Abstellraum im Keller. Garagenplätze können auch als sogenanntes Sondernutzungsrecht ausgewiesen sein. Auch dieses Wohnungseigentum kann ersteigert werden; in Städten kommt dies sogar häufig vor. Besonderheiten hierzu sind in Kapitel 8.2 erklärt.

1

1.4 Wo finde ich die notwendige Information?

Die gerichtliche Informationspflicht

Versteigerungstermine müssen öffentlich bekannt gemacht werden (§§ 39, 40 Abs. 1 ZVG), wobei neben der Veröffentlichung in einem Amtsblatt[2] auch die Aufnahme „in ein für das Gericht bestimmtes Informations- und Kommunikationssystem" ausreicht, wenn das Landesrecht ein solches benennt. Bei geringem Wert des Grundstücks kann auch (§ 39 Abs. 2 ZVG) der Aushang an der Gemeindetafel genügen, falls die Gemeinde selbst noch an einer solchen Tafel veröffentlicht. Eine solche vorgeschriebene Veröffentlichung ist entscheidend für die korrekte Durchführung des Versteigerungstermins, bietet jedoch den Interessenten kaum eine wirkliche Information, wenn sie im Amtsblatt erfolgt.

Dagegen ist der Aushang an der Gerichtstafel (§ 40 Abs. 1 ZVG) auch heute noch eine wichtige Informationsquelle, da dort sehr früh und übersichtlich alle Termine ersichtlich sind. Im Fall der Zentralisierung (vgl. Kapitel 1.1) findet man dort die Termine aller Amtsgerichte des Bezirks. Leider ist dieser Aushang nicht mehr allgemein verbindlich vorgeschrieben. Gerichte, die von der vorstehend genannten Möglichkeit der Veröffentlichung im Internet Gebrauch machen, dürfen vom Aushang absehen.[3]

Die zusätzliche Information

Schon immer haben die Gerichte die Interessenten zusätzlich informiert, wobei das Internet heute die wichtigste Quelle ist. Soweit ersichtlich, veröffentlichen die Gerichte überwiegend auf vier Portalen:

- www.zvg-portal.de
- www.hanmark.de
- www.versteigerungspool.de
- www.zvg.com

---

[2] Das kaum jemand liest!

[3] Von dieser Möglichkeit sollten Sie im Bieter-Interesse keinen Gebrauch machen!

Wichtig: Zu beachten ist, ob es sich wirklich um eine Veröffentlichung des Gerichts nach § 39 oder § 40 Abs. 2 ZVG handelt, oder um eine private Veröffentlichung (z. B. einer Bank), für die das Gericht keine Verantwortung trägt.

Nach wie vor ist die Tageszeitung eine wichtige Informationsquelle, zumal die Gerichte zunehmend sachgemäß formulieren. Allerdings erscheinen diese Anzeigen oft erst recht kurz vor dem Termin.

Um möglichst viele Interessenten anzulocken und so höhere Gebote zu erzielen, weisen die Gläubigerbanken häufig in eigenen Inseraten auf die Versteigerung ihres Objekts hin und bieten telefonische Information an. Hiergegen ist nichts einzuwenden, wenn diese Inserate den Leser ohne Weiteres erkennen lassen, dass es sich bei der angebotenen Auskunft um jene der Bank, nicht des Gerichts, handelt. Üblich sind Formulierungen wie „Näheres durch die beteiligte Bank unter Telefon ..." oder „Auskunft durch die betreibende Gläubigerin unter ...."

Praxis-Tipp:

Sollte aber ein Inserat so abgefasst sein, dass der Leser davon ausgehen muss, die angebotene Auskunft sei jene des Gerichts, ist Vorsicht angebracht. Wer nichts zu verbergen hat, versteckt sich nicht! Meldet sich bei einem Anruf auf ein solches Inserat statt des Gerichts eine Bank, sollte man sofort auflegen und lieber Auskünfte beim Gericht einholen. Auch hinter einem „Sonderbeauftragten" steht nie das Gericht!

Auch die Gläubigerbanken veröffentlichen ihre eigenen Informationen in der Presse und auf Internetportalen. Selbst wenn diese korrekt formuliert sind (z. B. Auskunft durch die „Gläubigerbank"), ist stets zu bedenken, dass die Bank wirtschaftlicher Gegner des Bieters ist. Sie will viel erzielen, er will wenig bieten! Deren „Informationen" sollten überprüft werden!

Soweit noch Aushänge an der Gemeindetafel erfolgen, ist das dort eine frühe und gute Information. Dagegen haben die kostenpflichtigen Versteigerungskalender im Internet weitgehend ihre ohnehin geringe

1 Bedeutung verloren. Auch versuchen Makler auf diesem Gebiet tätig zu werden. Deren Inanspruchnahme ist aber ebenfalls kostenpflichtig.

Muster: Aushang

Amtsgericht **Kaiserslautern**, 5. Januar 2026

2 K 99/25

Terminsbestimmung:

Im Wege der Zwangsvollstreckung sollen die im Grundbuch von Hohenecken Blatt 665 eingetragenen, nachstehend bezeichneten Grundstücke am

Donnerstag, 16. April 2026 um 14 Uhr

im Amtsgerichtsgebäude, Bahnhofstraße 24, Kaiserslautern, Sitzungssaal 3 versteigert werden:

lfd. Nr.	Gemarkung	FlSt.	Wirtschaftsart und Lage	Größe
1	Hohenecken	443	Hof- und Gebäudefläche Winzergasse 16	0,0133 ha
2	Hohenecken	444	Garten in der Winzergasse	0,0244 ha

Verkehrswerte § 74a ZVG:

lfd. Nr. 1: – 220.000 Euro

lfd. Nr. 2: – 10.000 Euro

Der Versteigerungsvermerk ist am 20.03.2025 in das Grundbuch eingetragen worden.[4]

(Es folgt eine Belehrung, welche für Bieter ohne Interesse ist.)

Seufer

(Rechtspfleger)

---

4 Mit Rücksicht auf den Datenschutz wird der Name des Eigentümers nicht mehr angegeben. Damit wird besonders bei unbebauten Grundstücken in ländlicher Gegend die Identifizierung des Grundstücks vor Ort sehr erschwert.

1.5 Der Weg zur Information

Der erste Schritt

Hat man das Gebiet eingegrenzt, in welchem Erwerbsinteresse besteht und festgestellt, welche Amtsgerichte hierfür zuständig sind (eventuelle Zentralisierung beachten!), führt der erste Weg zum Amtsgericht bzw. zu den Amtsgerichten und zur Gerichtstafel.

> ***Praxis-Tipp:***
>
> *Nehmen Sie sich Schreibzeug mit, um sich Notizen machen zu können!*

Sind Angebote vorhanden, die für Sie in Betracht kommen könnten, wird Folgendes notiert:

- Links oben steht das Aktenzeichen. Es enthält den Buchstaben „K" für Zwangsversteigerung. Hinter dem Buchstaben K steht eine Zahl und nach dem Schrägstrich die Jahreszahl der Anordnung, zum Beispiel „K 99/25". Das bedeutet: Es ist das 99. Verfahren, das im Jahr 2025 angeordnet wurde. Die Jahreszahl ist für den Interessenten nicht bedeutungslos. Handelt es sich um ein schon ziemlich weit zurückliegendes Jahr, könnte es möglich sein, dass dem Eigentümer immer wieder ein Aufschub gelingt – und dass auch dieser Termin deshalb wieder vorzeitig aufgehoben wird. Oder aber, es ist ein „alter Kasten", den bisher niemand haben wollte und der vielleicht billig zu haben ist, weil die Banken die Lust verloren haben. Steht vor dem „K" noch eine Zahl (vgl. Muster: Aushang am Ende von Kapitel 1.4), könnte es möglich sein, dass mehrere Rechtspfleger bei diesem Gericht Zwangsversteigerungen bearbeiten und dies die Nummer des zuständigen Rechtspflegers ist.
- Jetzt notieren Sie das Aktenzeichen und die Beschreibung des Objekts. Soweit angegeben, sollten Sie sich unbedingt die Straße und Hausnummer vermerken, ansonsten die Nummer des Flurstücks. Auch der Verkehrswert ist angegeben und sollte notiert werden. Ohne das Aktenzeichen gibt es keine Informationsmöglichkeit beim Gericht.

- Es hat normalerweise keinen Sinn, jetzt schon zur Geschäftsstelle zu gehen (zu den Ausnahmen später mehr). Aber Sie sollten sich vorsorglich die Telefonnummer der Geschäftsstelle sowie den Namen des zuständigen Rechtspflegers notieren. Diese Informationen stehen meist in der Terminsbestimmung; ansonsten können sie an der Pforte erfragt werden. Ist die Internetadresse der gerichtlichen Veröffentlichungen angegeben, wird auch diese notiert. Anderenfalls sollte ausnahmsweise schon jetzt bei der Geschäftsstelle in Erfahrung gebracht werden, auf welchem Portal das Gericht seine Terminsbestimmungen ins Internet stellt.

Der zweite Schritt

Nunmehr müssen Sie das Objekt aufsuchen. Erst eine Besichtigung vor Ort gibt Aufschluss darüber, ob das Objekt für Sie überhaupt in Betracht kommt. Aufgrund des Datenschutzes wird der Name des Eigentümers (Schuldners) nicht mehr veröffentlicht. Ist Straße und Hausnummer angegeben, dürften keine Schwierigkeiten bestehen. Problematisch sind unbebaute Grundstücke, die nur mit der Flurnummer bezeichnet wurden. Hier käme Folgendes in Betracht:

- Versuchen Sie in der Geschäftsstelle den Namen des Eigentümers (Schuldners) zu erfragen. Nach der hier vertretenen Auffassung muss man Ihnen diese Auskunft erteilen.
- In den Akten des Gerichts könnte sich ein Flurplan befinden.
- Bei kleinen Orten weiß der Ortsbürgermeister anhand der Flurstücksnummer, um welches Grundstück es sich handelt.

Niemand kann verhindern, dass Interessenten das Versteigerungsobjekt von außen besichtigen. Eigentümer und Bewohner sind aber nicht verpflichtet, das Betreten des Grundstücks oder gar die Innenbesichtigung zu gestatten. Ist der äußere Eindruck zufriedenstellend, sollte man zunächst ermitteln, wer im Haus wohnt (Klingelschilder, Nachbarn fragen). Es ist für den Bieter wichtig zu wissen, wer im Haus wohnt (Mieter? Eigentümer?) oder ob es gar leer steht. Wer keine Angst vor einem „Hinauswurf“ hat, kann immerhin den Eigentümer ansprechen und etwaiges Kaufinteresse vorschützen (zum Kauf trotz Zwangsversteigerung siehe am Ende dieses Abschnitts). Vielleicht will der Eigentümer verkaufen und gestattet die Innenbesichtigung. Auch ein Mieter, der im Interessenten den künftigen Eigentümer sieht, ist eventuell gesprächsbereit.

> ***Praxis-Tipp:***
>
> *Eine gute Chance, von einem Miteigentümer Informationen zu erhalten, besteht bei der sogenannten **Teilungsversteigerung**. An der Gerichtstafel erkennt man diese daran, dass gewöhnlich der Satz „zur Aufhebung einer Gemeinschaft" verwendet wird. Ausnahmsweise sollte man in diesem Fall gleich bei der Geschäftsstelle nach dem „Antragsteller" fragen. Es gibt zwei Möglichkeiten: Entweder, dieser will das Objekt selbst ersteigern und weist den Interessenten ab oder er will hohen Erlös erzielen und ist deshalb zur Information bereit. Im erstgenannten Fall könnte man sich auch an den „Antragsgegner" wenden. Im Übrigen werden solche Objekte häufig vor der Versteigerung durch die Eigentümer verkauft. Deshalb: fragen!*

Der dritte Schritt

Ist das Interesse ungebrochen, benötigen Sie weitere Informationen. Ergibt das Internet keine Hinweise, benötigen Sie das Wertgutachten, das auf Veranlassung des Gerichts angefertigt wurde. Rufen Sie deshalb bei der Geschäftsstelle an, welche Bank die Zwangsvollstreckung oder die Versteigerung betreibt[5] und fragen nach, ob man das Wertgutachten kostenlos erhalten kann.

Ist das Gutachten weder ins Internet eingestellt noch von der Bank verfügbar, erhalten Sie es beim Gericht. Der nächste Weg führt daher wieder zum Amtsgericht, diesmal zur Geschäftsstelle. Jedermann ist berechtigt, die Akten einzusehen (§ 42 ZVG). Allerdings bezieht sich das Einsichtsrecht auf nur einen Teil der Akten. Die Geschäftsstelle weiß, was eingesehen werden darf und was nicht. Eine telefonische Terminabsprache ist zweckmäßig. Wer darauf verzichtet, sollte nicht kurz vor 12 Uhr oder kurz vor Feierabend kommen. Auch die Bediensteten der Geschäftsstelle sind hungrig und müde und von solchen „Kunden"

---

5 Ist bei der Teilungsversteigerung nicht möglich!

nicht begeistert. Bei unberechtigter Verweigerung der Akteneinsicht siehe Kapitel 7.8.

Es wird immer wieder empfohlen, unbedingt die Grundbuchabschrift zu beachten. Das ist aber nicht sinnvoll, denn kein Laie kann den Inhalt des Grundbuchs ohne Fachkenntnis richtig verstehen. Außerdem verändern die Versteigerungsbedingungen fast immer den Inhalt des Grundbuchs. Deshalb sollten Sie die Grundbuchabschrift zunächst nicht beachten.

Falls Sie das Wertgutachten bisher noch nicht kennen, muss es jetzt genau durchgelesen werden. Oft hatte der Sachverständige die Möglichkeit, das Objekt von innen zu besichtigen. Bleibt das Interesse am Objekt weiterhin bestehen, wäre jetzt nach einer Abschrift zu fragen. Die meisten Gerichte erteilen eine solche gegen Schreibgebühr (0,50 Euro/Seite oder 1 Euro/Farbseite jeweils für die ersten 50 Seiten).

Wichtig: Der Verkehrswert für die Versteigerung ist nicht immer der Betrag, der im Gutachten als vom Sachverständigen ermittelter Betrag steht, sondern der vom Gericht festgesetzte Wert (der auch in der Terminsbestimmung angegeben ist). Sollte insoweit eine erhebliche Differenz bestehen, lesen Sie in der Begründung des Gerichtsbeschlusses über die Wertfestsetzung, warum das Gericht dem Gutachten nicht gefolgt ist!

Schwerwiegende Einschränkungen können im sogenannten Baulastenverzeichnis stehen, das bei den Gemeinden[6] geführt wird. Dort können Baubeschränkungen schwerwiegender Art, Wegerechte oder Parkplatzpflichten eingetragen sein. Eigentlich sollte den Gerichtsakten eine Abschrift dieses Verzeichnisses beigefügt sein. Leider ist das nicht ausdrücklich vorgeschrieben und unterbleibt daher gelegentlich. Sorgfältige Sachverständige erwähnen die Frage der „Baulast" auch in ihrem Gutachten. Geht aus den Akten nichts hervor, sollte bei ernsthaftem Interesse am Grundstückserwerb bei der Gemeinde nachgefragt werden.

---

6 Außer in Bayern und Brandenburg: Die Bauordnungen in Bayern und Brandenburg sehen Baulasten und entsprechende Verzeichnisse nicht vor. Eine Sicherung erfolgt hier durch Bestellung einer Grunddienstbarkeit für den jeweils begünstigten Grundstückseigentümer bzw. eine beschränkt persönliche Dienstbarkeit für die Bauaufsichtsbehörde.

Weiter muss notiert werden, wer (insbesondere, welche Bank!) die Versteigerung betreibt. Schließlich sollte man noch fragen, ob das Objekt unter Zwangsverwaltung steht und wer der Zwangsverwalter ist. Das kommt nicht oft vor; trifft es aber zu, kann eventuell der Zwangsverwalter die Innenbesichtigung vermitteln, besonders wenn das Haus leer steht. Er ist hierzu jedoch nicht verpflichtet. Allerdings kann er für seine Mühe Kostenersatz verlangen.

Sinnvoll wäre es, die vorläufigen Versteigerungsbedingungen zu erfahren, insbesondere, ob Rechte bestehen bleiben werden (siehe auch Kapitel 2.4). Aus zwei Gründen ist dies aber nicht ganz einfach: Einmal kennen die Bediensteten der Geschäftsstelle die Versteigerungsbedingungen nicht immer (deshalb müsste man noch versuchen, mit dem zuständigen Rechtspfleger zu sprechen), außerdem wäre diese Auskunft immer nur vorläufig.

Erst ungefähr vier Wochen vor dem Versteigerungstermin besteht eine gewisse Klarheit; endgültig verbindlich sind aber nur die im Termin selbst aufgestellten und verkündeten Versteigerungsbedingungen.

Wichtig: Entgegen einer weit verbreiteten Meinung kann man ein Grundstück auch dann noch kaufen, wenn bereits die Versteigerung angeordnet ist. Selbstverständlich nur, wenn es der Eigentümer verkaufen will (Bank oder Gericht können es nicht verkaufen!). Ratsam ist ein solcher Kauf aber nicht. Während eine Versteigerung meist auch dann noch möglich ist, wenn der Erlös nicht alle Schulden deckt, ist dies beim Kauf nur selten der Fall. Oft genug endet der Versuch ergebnislos, weil die Schulden zu hoch sind, und der gescheiterte Käufer hat zusätzlich hohe Notarkosten zu begleichen!

Bei einer sogenannten Teilungsversteigerung dagegen kommen solche Verkäufe gelegentlich vor. Es wäre daher sinnvoll, den Eigentümern ein Angebot zu machen.

1.6 Gibt es eine Gewährleistung?

Leider nein. § 56 Satz 3 ZVG schließt jede Gewährleistung aus, obwohl der Bieter vorher kaum in der Lage war, sich umfassend über den Zustand des Grundstücks oder des Gebäudes zu informieren. Dazu gehören beispielsweise auch Risiken aus Altlasten. Oft wissen aber heute die Gemeinden, wo solche Risiken zu erwarten sind – auch die Sachverständigen sollten es wissen! (zum Bodenschutzvermerk siehe Kapitel 2.4)

Auch rechtliche Mängel (z. B. Baubeschränkungen) wirken gegen den neuen Eigentümer. Deshalb ist in jenen Bundesländern, in welchen ein Baulastenverzeichnis geführt wird, die Einsicht in dieses unverzichtbar. Auch in den Gerichtsakten sollte sich eine Abschrift befinden (hierzu Kapitel 1.5 und Kapitel 2.4).

Liegt der Zeitpunkt der Schätzung schon einige Zeit zurück, ist besonders bei Bauland Vorsicht geboten. Erkundigen Sie sich bei der Gemeinde, ob nicht inzwischen der Bebauungsplan geändert wurde. Hierfür gibt es seitens des Gerichts keine Gewähr.

> ***Praxis-Tipp:***
>
> *Beim Bieten sollte immer ein Risikoabschlag einkalkuliert werden. Es ist durchaus angemessen, bei Objekten, die nicht von innen besichtigt werden konnten, 30 Prozent gegenüber dem eigenen Limit abzuschlagen.*
> *Immer daran denken: Werden Schäden erst nach dem Zuschlag festgestellt, gibt es weder einen Rücktritt vom Gebot, noch eine Minderung des Steigpreises!*

Zum Gefahrenübergang, das heißt zur Frage, ab wann Schäden (z. B. Brandschäden) dem Ersteigerer zur Last fallen, lesen Sie Genaueres ab Kapitel 7.2.

Auch grobe Fehler im Gutachten (z. B. viel zu hoch angegebene Wohnfläche) berechtigen nicht zur Anfechtung des Erwerbs – selbst dann nicht, wenn das Gericht den Fehler in seine Terminsbestimmung übernommen hat.[7]

---

7 BGH, Beschluss vom 18.10.2007 – V ZB 44/07, Rpfleger 2008, 92.

Hat aber der Gutachter vorsätzlich oder grob fahrlässig im Gutachten schwerwiegende Fehler gemacht, kommt eine Haftung gegenüber dem Meistbietenden in Betracht, wenn deshalb der Zuschlag auf sein Gebot versagt wurde (§ 839a BGB) oder – das ist umstritten – wenn der Ersteher aufgrund des Fehlers zu viel bezahlt hat (hierzu BGH, Urteil vom 09.03.2006 – III ZR 143/05, Rpfleger 2006, 551 und Urteil vom 10.10.2023 – III ZR 345/12, Rpfleger 2014, 146). Der Gutachterausschuss als Sachverständiger haftet bereits für einfache Fahrlässigkeit.[8] 1

[8] BGH, Urteil vom 05.02.2003 – III ZR 44/02, Rpfleger 2003, 310.

2.

Was Sie alles ersteigern können

2.1 Die wesentlichen Bestandteile

Es wird alles mitversteigert, was fest mit dem Grundstück verbunden ist (§ 94 BGB): die Gebäude, aber auch zum Beispiel Bäume, das noch nicht geerntete Obst, Mauern oder eine Fertiggarage aus Beton, die ohne Verankerung (nur durch ihr Gewicht) „mit dem Grundstück verbunden" ist.

Zum Gebäude gehören alle „zur Herstellung eingefügten Sachen", zum Beispiel Türen, Fensterrahmen, die Leitungen, meist die Heizanlage, die eingemauerte Badewanne usw. – vorausgesetzt, dass diese Gegenstände nicht nur zu einem „vorübergehenden Zweck" in das Gebäude eingefügt worden sind. Diese „eiserne Regel" kann auch nicht durch Vereinbarung oder Gerichtsbeschluss geändert werden.

2.2 Das Zubehör

Privates Zubehör

Der Rechtsgrundsatz ist an sich einfach! Alles Zubehör (§§ 97, 98 BGB), das sich zum Zeitpunkt der Versteigerung auf dem Grundstück befindet, wird mitversteigert, sogar dann, wenn es dem Grundstückseigentümer nicht gehört. Zubehör, das dem Schuldner nicht gehört, sich aber in seinem Besitz befindet, bleibt nur dann von der Versteigerung verschont, wenn das Gericht im Versteigerungstermin dies ausdrücklich bestimmt. Gewöhnlich lautet dann dieser Passus der Versteigerungsbedingungen: „Ausgenommen von der Versteigerung ist ... (z. B. der Gasofen Marke Junker Nr. 12999)."

Zubehör, das dem Schuldner gehört, wird auch dann mitversteigert, wenn es sich zum Zeitpunkt der Versteigerung nicht mehr auf dem Grundstück befindet, weil es der Eigentümer kurz vorher „auf die Seite geschafft hat". Er muss es dem Ersteigerer herausgeben! Dazu mehr in Kapitel 7.1.

Leider ist es nicht so einfach zu bestimmen, was eigentlich Zubehör ist! Die Schwierigkeit besteht einmal darin, dass es hierzu eine widersprüchliche Rechtsprechung gibt. Hinzu kommt, dass es unterschiedliche Verkehrsauffassungen gibt, das heißt, dass es regional verschieden sein kann, ob ein Gegenstand Zubehör ist oder nicht: Was in München Zubehör ist, muss es in Hamburg noch lange nicht sein.

Beispiele:

Folgende Dinge können zum Zubehör gezählt werden:
Nicht eingemauerte Badewanne, Toilettenschüssel, Waschbecken, Lampen in Treppenhaus und Flur, eventuell Einzelöfen für Gas/Strom, Heizöl im Tank (nicht im Rohbau), Baumaterial im Rohbau oder zur Ausbesserung des Gebäudes bestimmt und bereits auf dem Grundstück gelagert. Aber auch die Haustürschlüssel. Öfen, Heizanlagen werden in modernen Häusern wohl als „wesentliche Bestandteile anzusehen sein; in älteren Häusern eventuell noch als Zubehör.
Rechtlich umstritten ist die Frage der Einbauküche. Wurde sie speziell für die Wohnung als Sonderanfertigung hergestellt oder ist die Wohnung im modernen Neubau ohne eine solche Einbauküche nach der Verkehrsauffassung unfertig, kann sie wesentlicher Bestandteil sein; anderenfalls ist sie meist Zubehör. Im Süden/Südwesten Deutschlands wird gelegentlich noch die Auffassung vertreten, eine Einbauküche sei noch nicht einmal Zubehör (vgl. hierzu BGH, Urteil vom 20.11.2008 – IX ZR 180/07, Rpfleger 2009, 253). Baupläne, Genehmigungsbescheide etc. sind kein Zubehör. Dennoch muss sie der (alte) Eigentümer dem Ersteigerer herausgeben.

2

Kein Zubehör sind die Möbel des Eigentümers, zum Beispiel sein Schlafzimmer. Das darf er daher beim Auszug mitnehmen.

Wichtig: Was in dieser Region ein Mieter üblicherweise beim Einzug mitbringt, ist kein Zubehör. Was er in der Wohnung vorfindet, ist Zubehör oder wesentlicher Bestandteil. Zubehörstücke, welche einem Mieter oder Pächter gehören, werden nicht mitversteigert.

Zubehör in Fabriken und Gaststätten

Bei Fabriken gelten die meisten Maschinen und Einrichtungsgegenstände als Zubehör, ebenso beispielsweise das Vieh auf dem Bauernhof. Allerdings: Das Grundstück (Gebäude) muss immer die „Hauptsache“ sein, welcher das Zubehör als Nebensache dient – nicht umgekehrt. Einem Bauern zur Pflege übergebene Pferde werden somit kein Zubehör; sie „dienen nicht dem Grundstück", sondern das Grundstück dient ihnen.

2 Vorsicht beim Erwerb einer Gaststätte. Ob das Inventar Zubehör ist, kann regional sehr verschieden sein. Ist es nach der Verkehrsauffassung am Ort Zubehör und gehört dem Eigentümer, dann ist es mitversteigert. Gehört es aber der Brauerei, gibt es folgende Möglichkeiten:

- Die Brauerei hat – eventuell vorsorglich – einen Freigabebeschluss des Gerichts erwirkt und das Gericht hat in den Versteigerungsbedingungen das Inventar als „nicht mitversteigert" erwähnt. Der Ersteigerer erwirbt **kein** Eigentum.
- Die Brauerei hat keinen Freigabebeschluss erwirkt. In der betreffenden Gegend gilt aber Gaststätteninventar nicht als Zubehör (weil es in praktisch allen Fällen einer Brauerei gehört); der Ersteigerer erwirbt **kein** Eigentum.
- Kein Freigabebeschluss und das Inventar wird in dieser Gegend aber als Zubehör angesehen. Die Brauerei hat Pech gehabt. Das Inventar **gehört** jetzt dem **Ersteigerer**.

Beachte: Das Versteigerungsgericht darf nicht verbindlich sagen, ob ein Gegenstand Zubehör ist oder nicht. Gibt es darüber Streit, so entscheidet das **Prozessgericht**. Hierzu mehr in Kapitel 7.1.

2.3 Müssen Schulden übernommen werden?

Der Ersteigerer haftet grundsätzlich nicht für die Schulden des Eigentümers. Wenn etwa nach der Versteigerung Handwerker auftauchen und ihre vom bisherigen Eigentümer nicht bezahlten Rechnungen eintreiben wollen, werden diese damit kein Glück haben. Das gilt auch für Lieferanten des mitversteigerten Zubehörs; sogar dann, wenn sie „unter Eigentumsvorbehalt" geliefert und später versäumt haben, ihre Rechte im Versteigerungstermin durchzusetzen. Hinsichtlich der Kaution der Mieter siehe Kapitel 4.5.

In vielen Fällen bestimmt das Gericht in den Versteigerungsbedingungen, dass das Grundstück „lastenfrei" versteigert wird. Das heißt, dass nach der Versteigerung alle Rechte im Grundbuch gelöscht werden und der Ersteigerer einen „sauberen" Grundbucheintrag erhält. Das Gericht kann dies aber nicht von sich aus bestimmen; es ist an gesetzliche Regeln gebunden. Meist weiß der Rechtspfleger schon ungefähr vier Wochen vor dem Termin, ob Rechte bestehen bleiben oder nicht. Endgültig verbindlich ist aber nur seine Feststellung im Versteigerungstermin.

Wenn die Versteigerungsbedingungen vorsehen, dass „als Teil des geringsten Gebots keine Rechte bestehen bleiben", können die nachfolgenden Ausführungen unbeachtet bleiben! Bleiben jedoch Rechte bestehen, muss der Bieter unbedingt Nachfolgendes beachten.

2.4 Rechte, die bestehen bleiben

Das Grundbuch ist in mehrere Blätter (sog. Abteilungen) eingeteilt; hier interessieren nur die Abteilungen II und III.

In Abteilung III stehen die Grundpfandrechte, das heißt die Grundschulden und Hypotheken (Rentenschulden kommen praktisch nicht vor).

Abteilung II führt alle übrigen Lasten auf, die auf dem Grundstück ruhen, zum Beispiel Wegerechte, Leibgeding (auch Altenteil genannt), Nießbrauch, Vorkaufsrechte, der Bodenschutzvermerk (dazu später in diesem Abschnitt) und manches mehr.

Wichtig: Es gilt genau hinzuhören, welche Rechte bestehen bleiben!

Bleiben Grundpfandrechte bestehen, kann der Bieter sein Risiko genau abschätzen, denn diese lauten ja auf eine Geldsumme und können so gut wie immer gegen Zahlung dieser Geldsumme gelöscht werden. Man sollte sich also durch ein solches Recht nicht vom Mitbieten abhalten lassen, wenn die Belastung noch im richtigen Rahmen zum Grundstückswert steht. Hierbei ist allerdings Folgendes zu beachten:

- Ob der Ersteher eine bestehen bleibende Grundschuld (oder Hypothek) ohne Weiteres durch Zahlung zum Erlöschen bringen kann, entscheidet sich im Einzelfall. Bei älteren Grundschulden ist meist bedingt, „die Grundschuld ist fällig", so dass es keine Probleme geben dürfte. Nach § 1193 Abs. 1 Satz 3 BGB beträgt die Kündigungsfrist sechs Monate. Das kann dazu führen, dass der Ersteher hohe

2

dingliche Zinsen zahlen muss,[9] bis das Recht endgültig gelöscht wird. Wer ein Gebot bei bestehen bleibender Grundschuld abgibt, ist gut beraten, vorher (!) mit der betreffenden Bank über die Ablösung zu sprechen. Bitte daran denken: Eine bestehen gebliebene Grundschuld, die man nicht gegen Zahlung sofort los wird, kann der vorgesehenen Finanzierung des Erwerbs im Wege stehen.

- Der Ersteigerer muss immer den vollen Nennwert des Grundpfandrechts zahlen, auch wenn der Eigentümer der Bank weniger schuldet.
- Der Ersteigerer muss die eingetragenen Zinsen ab Zuschlag zahlen, auch wenn die Zinsen des gesicherten Darlehens geringer sein sollten. Zinsen aus der Zeit vor dem Zuschlag treffen ihn nicht. Vielleicht kann man aber mit der Bank über einen Kredit verhandeln und das Grundpfandrecht (fast immer eine Grundschuld) zur Sicherheit stehen lassen. Das spart Kosten.
- Hat die Bank weniger als den Nennbetrag des Grundpfandrechts zu bekommen, kann es Probleme mit der Löschung geben. Eigentlich muss die Bank gegen Zahlung des vollen Nennbetrags die Löschung bewilligen; manche sträuben sich. In solchen Fällen kann meist ein Notar weiterhelfen.
- Besondere Vorsicht ist geboten, wenn eine Grundschuld bestehen bleibt, als deren Gläubiger keine allgemein bekannte Bank, sondern irgendeine Institution fremdsprachlichen Namens und ausländischen Sitzes eingetragen ist. Hier muss immer mit unseriösen Partnern (Heuschrecken) gerechnet werden, die dem Ersteher viel Ärger und Kosten bereiten, bis er die Löschung der Grundschuld herbeigeführt hat.

Wichtig: Das bestehen bleibende Recht wird bei der Höhe des (Bar-)Gebots nicht mitgerechnet. Das abzugebende Gebot bezeichnet immer nur

[9] Das schon immer bestehende Problem ist aktuell geworden, nachdem die sofortige Ablösung nicht mehr möglich ist. Grundschulden sind üblicherweise mit hohen Zinssätzen „aufgepumpt", obwohl die gesicherte Forderung weit niedriger verzinslich ist. Das kann dazu führen, dass der Ersteher, der eine solche Grundschuld übernimmt, monatelang „Wucherzinsen" in Höhe von bis zu 15 Prozent zahlen muss, obwohl er die gesicherte Forderung nicht schuldet (LG Stuttgart, Rpfleger 2013, 469). Wer damit konfrontiert ist, sollte sich den Aufsatz von Griwotz in der „Zeitschrift für Immobilienrecht" 2012, S. 774, besorgen.

die Summe, welche der Bieter bar zahlen will. Aber in Gedanken muss er das bzw. die bestehen bleibende(n) Recht(e) mit einrechnen; denn diese muss er „irgendwann" außerhalb des Vollstreckungsgerichts an den bzw. an die Berechtigten zahlen bzw. das Recht nach seinem Inhalt „übernehmen" – und damit dulden. 2

Beispiel:

Der Bieter will höchstens 60.000 Euro ausgeben. Das Gericht hat bei den Versteigerungsbedingungen festgelegt, dass eine Grundschuld von 20.000 Euro für die A-Bank bestehen bleibt.
Bietet jetzt ein Bieter 30.000 Euro, so heißt das:

- Er zahlt an das Gericht 30.000 Euro.
- Er zahlt zur Löschung der Grundschuld 20.000 Euro (und etwaige Zinsen) an die A-Bank.
- Somit kostet den Bieter das Grundstück 50.000 Euro.

Wer maximal 60.000 Euro ausgeben will, kann jetzt noch maximal 10.000 Euro mehr bieten, das heißt dann für ihn:

- Er zahlt an das Gericht 40.000 Euro.
- Er zahlt an die A-Bank 20.000 Euro (und etwaige Zinsen).

Wichtig: Wer mitbietet, ohne die bestehen bleibenden Rechte zu kennen (insbesondere weil er zu spät zum Termin gekommen ist), kann aus diesem Grund sein Gebot nicht anfechten (BGH, Beschluss vom 05.06.2008 – V ZB 150/07, Rpfleger 2008, 515)! Vorsicht ist geboten! Lieber im Zweifelsfall vor Abgabe des Gebots nochmals nachfragen!

Problematischer sind jedoch die Rechte, die in Abteilung II eingetragen sind. Manche kann der Bieter gut abschätzen, etwa ein Wegerecht oder ein Fensterrecht. Andere jedoch bedeuten ein hohes Risiko. Bleibt beispielsweise ein Wohnungsrecht oder ein Nießbrauch bestehen, wird der Erwerber das Grundstück nur teilweise oder überhaupt nicht nutzen können.

Ein ganz besonderes Risiko ist ein bestehen bleibendes Leibgeding bzw. Altenteil. Hiermit verbunden ist regelmäßig nicht nur die Ver-

pflichtung, einen alten Menschen wohnen zu lassen und ihm eventuell Geld zu zahlen, sondern auch die Verpflichtung zur Pflege, wie dies in der Bestellungsurkunde genau beschrieben ist. Der Ersteigerer muss
2 diese Verpflichtung übernehmen, auch wenn er den Berechtigten überhaupt nicht kennt.

Praxis-Tipp:

Ganz allgemein ist Zurückhaltung geboten, wenn Rechte wie Wohnungsrecht, Nießbrauch oder gar Leibgeding bestehen bleiben. Das ist höchstens etwas für Angehörige, welche die Oma ohnehin gepflegt hätten, oder sozial eingestellte Leute, die sich vorstellen können, eine ihnen fremde Person zu pflegen.

Allerdings: Wer zum vorgenannten Personenkreis gehört, kann möglicherweise ein Grundstück weit unter dem Verkehrswert erwerben. Besonders dann, wenn das Gericht – gesetzlichen Regeln entsprechend – ein „Doppelausgebot“ dahingehend bestimmt hat, dass das Grundstück einmal mit Leibgeding und einmal ohne dieses ausgeboten wird.

Wichtig: Anders als bei den Grundpfandrechten hat der Ersteigerer keinen Anspruch darauf, ein bestehen bleibendes Recht der Abteilung II durch Geldzahlung abzulösen und zur Löschung zu bringen. Man lasse sich nicht dadurch irritieren, dass das Gericht für dieses Recht einen sogenannten Zuzahlungsbetrag (fälschlich oft Ersatzbetrag genannt) festsetzt. Dieser Betrag wird nur fällig, wenn das Recht beim Zuschlag rechtlich gar nicht besteht (weil es z. B. bereits durch Tod des Berechtigten erloschen ist).

Beispiel:

Bestehen bleibt ein Wohnungsrecht für die Oma. Hierfür wird ein Zuzahlungsbetrag von 5.000 Euro festgesetzt.
Normalfall: Der Ersteigerer muss die Oma auf Lebenszeit zu den Bedingungen wohnen lassen, die im Ursprungsvertrag festgelegt sind. Die 5.000 Euro interessieren ihn nicht (sie spielen allerdings eine Rolle bei den Grenzen der §§ 74a und 85a ZVG – siehe Kapitel 3.2 – und bei der

Kostenberechnung). Keinesfalls kann er die Oma gegen Zahlung der 5.000 Euro aus der Wohnung werfen!
Ausnahme: Die Oma ist vormittags gestorben; niemandem war das nachmittags im Versteigerungstermin bekannt. Das Recht der Oma ist durch den Tod erloschen. Der Ersteigerer zahlt als Ausgleich 5.000 Euro an das **Gericht**. Das Geld erhalten in Rahmen der Erlösverteilung die Gläubiger des Schuldners – nicht die Erben der Oma!
Andere Ausnahme: Die Oma stirbt am Tag **nach** dem Zuschlag. Der Ersteigerer hat Glück gehabt. Der Wegfall des Wohnungsrechts kostet ihn nichts. Er muss die 5.000 Euro nicht bezahlen.

Befinden oder befanden sich auf dem Grundstück bereits bekannte Altlasten und die zuständige Behörde hat zur Sicherung bzw. Sanierung Aufwendungen aufgebracht, hat sie damit den Wert des Grundstücks erhöht. Für diese Werterhöhung steht ihr gemäß § 25 des Gesetzes zum Schutz vor schädlichen Bodenveränderungen und zur Sanierung von Altlasten eine Ausgleichszahlung zu, die als öffentliche Last gilt und als solche (ausnahmsweise) im Grundbuch in der Abteilung II vermerkt wird (Bodenschutzvermerk). Aus diesem Vermerk sieht der Bieter zwar, dass eine solche Ausgleichszahlung geschuldet ist, nicht jedoch deren Höhe. Es ergeben sich dann zwei Möglichkeiten:

- Die Ausgleichszahlung ist bereits entstanden und festgesetzt, das heißt fällig. Nun muss die zuständige Behörde den Betrag zum Versteigerungstermin anmelden und erhält ihr Geld normalerweise aus dem Versteigerungserlös – das heißt, der Ersteigerer wird nicht mehr betroffen. Der Vermerk muss nach der Erlösverteilung gelöscht werden.
- Die Ausgleichspflicht ist zwar entstanden, aber mangels Festsetzung noch nicht fällig. Somit kann keine Anmeldung und damit auch keine Zahlung aus dem Versteigerungserlös erfolgen. Die Zahlungspflicht trifft nach dem Zuschlag den Ersteigerer. Das Gericht weiß nicht, welche Summe zu zahlen ist. Das kann man allenfalls bei der zuständigen Behörde (diese ergibt sich aus den Grundakten) erfragen. Äußerste Vorsicht ist geboten!

Sehr belastende Rechte zugunsten Dritter können auch im Baulastenverzeichnis stehen, das bei den Gemeinden geführt wird. Nur in Bayern und Brandenburg stehen diese Lasten (aber als Dienstbarkeiten!) im Grundbuch. Es handelt sich um rechtlich wirksame Zugeständnisse, die der Eigentümer Dritten (meist Nachbarn) durch Erklärung gegenüber der Bauaufsichtsbehörde gemacht hatte, um dem Begünstigten eine Bebauung zu ermöglichen, die ohne dieses Zugeständnis an baurechtlichen Vorschriften gescheitert wäre. Hat ein Eigentümer mehrere Grundstücke (die möglicherweise eine wirtschaftliche Einheit bilden), kann er auch eine Baulast an einem dieser Grundstücke zugunsten eines anderen bestellen,[10] die dann auf den Ersteher übergeht, wenn er dieses Grundstück ersteigert. Es geht demnach nicht um verbindliche öffentlich-rechtliche Vorschriften, sondern um vereinbarte Abweichungen von diesen.

Es ist nicht Sache des Gerichts, sondern der Interessenten, sich darum zu kümmern, ob eine solche Baulast besteht,[11] obwohl sich eine Abschrift des Baulastenverzeichnisses in den Gerichtsakten befinden oder zumindest der Sachverständige diese Frage im Gutachten erwähnt haben sollte. In seltenen Fällen können auch Baulasten bestehen, die nicht im Baulastverzeichnis eingetragen sind. Hier hilft nur Erkundigung bei der Baubehörde.

Bis heute ist ungeklärt, ob und unter welchen Voraussetzungen der Ersteher diese Baulast dulden muss. Dazu kann auch der unterschiedliche Wortlaut in der jeweiligen Bauordnung des Bundeslands eine Rolle spielen. Ein eventueller Rechtsstreit über die Duldungspflicht geht vor das Verwaltungsgericht und die Verwaltungsgerichtsbarkeit hat bisher überwiegend gegen die Interessen der Ersteher entschieden.

Das Vollstreckungsgericht kann und darf zur Frage der Duldungspflicht keine verbindliche Erklärung abgeben.

Eine Wohnungsbindung nach dem Wohnungsbindungsgesetz (WoBindG) trifft grundsätzlich auch den Ersteher. Ob eine solche vorliegt, sollte eigentlich im Gutachten stehen und der Rechtspfleger sollte das

---

10 Zum Beispiel um dessen Bebauung zu ermöglichen.

11 Sehr streitig! Es wird auch die Auffassung vertreten, das Gericht müsse sich darum kümmern, ob eine Baulast besteht. Verlassen Sie sich nicht darauf!

wissen und bekannt machen. Vorgeschrieben ist das aber nicht. Die Bindungsfrist kann kürzer werden, wenn die Grundpfandrechte für öffentliche Mittel in der Versteigerung erlöschen. Bei Eigenheim bzw. selbstgenutzter Eigentumswohnung (§ 16 Abs. 5 WoBindG) ist unter diesen Umständen auch ein Wegfall der Bindung möglich. Gegebenenfalls ist eine genaue Erkundigung unumgänglich. 2

Nach dem Recht der ehemaligen DDR gab es sogenannte Nutzungsrechte an fremdem Grundbesitz, die sich mit den Grundsätzen des BGB nicht vereinbaren ließen und nach dem Beitritt durch einen sogenannten Bereinigungsanspruch abgewickelt wurden. Soweit sie nicht bereits durch Übertragung des Eigentums oder Bestellung eines Erbbaurechts bereinigt sind, erlöschen sie durch den Zuschlag in der Zwangsversteigerung, wenn sie nicht wie folgt im Grundbuch gesichert waren durch:

- einen Besitzrechtsvermerk
- ein selbstständiges Gebäudeeigentum
- ein Nutzungsrecht (Art. 233 § 4 EGBGB)
- einen Vermerk über ein Bereinigungsverfahren

Ist ein Besitzrecht (Art. 233 § 2a EGBGB) eingetragen, kann der hierdurch gesicherte Bereinigungsanspruch verjährt sein (Verjährungsfrist: zehn Jahre, entsprechende Anwendung § 196 BGB). Das Vollstreckungsgericht kann dies aber weder von Amts wegen noch auf Anmeldung beachten. Vielmehr muss der Eigentümer (Vollstreckungsschuldner oder nach dem Zuschlag der Ersteher) vom Berechtigten den Verzicht auf das Recht und die formelle Löschungsbewilligung fordern oder notfalls einklagen (BGH, Urteil vom 21.11.2014 – V ZR 32/14, Rpfleger 2015, 194). Das Gericht wird wohl den Zuzahlungsbetrag nach § 51 ZVG auf „0" festsetzen, wenn ihm die Verjährung zweifelsfrei nachgewiesen wird.

3.

Die wichtigste Frage: Was soll es kosten?

3.1 Das geringste Gebot

Das ist der niedrigste Betrag, der geboten werden darf. Ein geringeres Gebot müsste der Rechtspfleger als unzulässig ablehnen (zurückweisen).

Das Gericht muss das geringste Gebot nach rechtlichen Regeln feststellen. Es hat keinerlei Bezug zum Wert des Grundstücks. Auch der Rechtspfleger hat kein Ermessen.

Sehr häufig wird es eine lächerlich niedrige Summe sein, zu der das Grundstück selbstverständlich nicht zu haben ist. Für die Bieter ist allenfalls wichtig, dass sie mit diesem Betrag das Bieten beginnen dürfen.

Leider kommt es aber auch vor, dass das geringste Gebot weit höher als der Grundstückswert ist. Die Interessenten pflegen dann, auf das Gericht schimpfend, den Sitzungssaal zu verlassen. Dabei weiß natürlich der Rechtspfleger, dass er zu diesen Bedingungen kein Gebot erhalten wird. Dennoch darf er nicht weniger verlangen, und die Versteigerung wird ergebnislos enden.

Wie kann man sich aber davor schützen, sinnlos Zeit für einen solchen Termin aufzuwenden? Zwar wird die endgültige Höhe des geringsten Gebots erst im Termin festgestellt. Aber der Rechtspfleger weiß vorher, wie hoch es voraussichtlich sein wird. Und dann kann es (von seltenen Ausnahmen abgesehen) nicht mehr niedriger, sondern nur noch höher werden. Wenn einige Tage vor dem Termin ein geringstes Gebot genannt wird, das zu hoch erscheint, sollte man den Termin nicht wahrnehmen. Niedriger wird es nicht mehr. Eine Erhöhung noch im Termin ist aber immer möglich.

Wichtig: In jedem neuen Termin wird das geringste Gebot immer wieder neu festgesetzt. Es kann somit niedriger oder höher sein, als es im letzten Termin gewesen ist. War daher in einem früheren Termin das geringste Gebot zu hoch und der Termin ist deshalb ergebnislos geblieben, kann es im nächsten Termin wesentlich niedriger, vielleicht aber sogar noch höher sein! Das Gericht muss das Grundstück immer wieder auch zu sinnlosen Bedingungen anbieten, solange die Gläubiger dies verlangen und die Kosten hierfür bezahlen.

Das geringste Gebot setzt sich zusammen aus dem Mindestbargebot und ggf. den bestehen bleibenden Rechten (hierzu Kapitel 2.4). Bargebot ist der Geldbetrag, der geboten und später bezahlt wird.

Ist das geringste Gebot höher als 70 Prozent des Verkehrswerts, kommen die nachfolgenden Überlegungen zu den Grenzen nicht mehr in Betracht.

3.2 Die Zuschlagsgrenze „halber Verkehrswert“

Grundsätzlich darf der Zuschlag nicht erteilt werden, wenn weniger als die Hälfte des Verkehrswerts geboten ist. Bieten darf man daher (falls das geringste Gebot niedriger als 50 Prozent ist) weniger, das Gebot wird auch angenommen (zugelassen). Jedoch bekommt man später auf dieses Gebot keinen Zuschlag (§ 85a ZVG). Von diesem Grundsatz gibt es zwei Ausnahmen:

- Bestimmte Gläubiger dürfen das Grundstück billiger ersteigern, weil sie als Gegenleistung dem Schuldner Teile seiner Schulden erlassen müssen. Deshalb nicht schimpfen, wenn das Grundstück zu weniger als 50 Prozent an die Bank geht, während man es Ihnen zu diesem Preis nicht geben durfte.
- Ist die Versteigerung bereits einmal daran gescheitert, dass das abgegebene Meistgebot unter 50 Prozent geblieben ist, kann das Grundstück im nächsten Termin auch zu einem geringeren Preis zugeschlagen werden. Gleiches gilt, wenn ein früherer Termin an der 70-Prozent-Grenze gescheitert ist (dazu Kapitel 3.3). Das Gericht muss diesen Umstand in der Terminsbestimmung erwähnen. Nur leider verwenden die Gerichte unterschiedliche Formulierungen. Man achte (z. B. an der Gerichtstafel, vgl. Kapitel 1.4) auf folgende Zusätze: „Der halbe Verkehrswert muss nicht mehr erreicht werden.“, oder weniger gut verständlich: „Die Grenzen der §§ 74a, 85a ZVG sind entfallen.“ oder: „Im letzten Termin wurde der Zuschlag aus § 85a ZVG (oder § 74a ZVG) versagt.“

Termine können auch ergebnislos enden und später wiederholt werden, ohne dass es zu einer Zuschlagsversagung aus §§ 74a, 85a ZVG gekommen ist, zum Beispiel weil:

- niemand geboten hat (§ 77 ZVG)
- die Gläubiger die „einstweilige Einstellung“ bewilligt haben (§ 30 ZVG)

Ein solches Ende eines Termins beseitigt die Grenze des § 85a ZVG nicht. Auch im nächsten Termin müssen wieder mindestens 50 Prozent geboten werden. Es ist daher (entgegen einer weit verbreiteten Ansicht) nicht richtig, dass das Grundstück im zweiten Termin immer billiger zu haben sei. Oft genug wird es teurer!

Erscheint auch der halbe Verkehrswert noch zu hoch, könnte ein Bieter durchaus nur das (geringere) geringste Gebot bieten. Er bekommt dann zwar keinen Zuschlag, aber im nächsten Termin könnte dann die Grenze entfallen sein. Bietet aber niemand, bleibt die Grenze erhalten!

Aus den vorgenannten Gründen war es lange üblich, dass Bankvertreter „im eigenen Namen“ ein Gebot unter 50 Prozent abgaben, obwohl sie das Grundstück natürlich nicht haben wollten. Hierdurch sollte eine Versteigerung unter 50 Prozent im nächsten Termin möglich werden. Der BGH hat diese Praxis – für Bankbedienstete – als unzulässig angesehen. Sollte es sich im Termin ergeben, dass das Gericht den „Begleiter“ des Bankvertreters als Bieter nicht zulässt und deshalb die Zuschlagsgrenze für den nächsten Termin nicht entfallen würde, dann bieten Sie doch einfach weniger als 50 Prozent! Prüfen Sie aber vorher, ob in diesem Termin die Grenze überhaupt noch gilt.

Wichtig: Auch in einer Teilungsversteigerung muss grundsätzlich der halbe Verkehrswert geboten werden!

3.3 Die 70-Prozent-Grenze

Bestimmte Gläubiger dürfen verlangen, dass die Versteigerung wiederholt wird, wenn nicht mindestens 70 Prozent des Verkehrswerts geboten sind. Während die vorgenannte Grenze „halber Verkehrswert“ seitens des Gerichts **auf jeden Fall zu beachten ist**, wird die 70-Prozent-Grenze **nur auf Gläubigerantrag** berücksichtigt. Welche Gläubiger diesen Antrag stellen dürfen, weiß der Rechtspfleger. Der Antrag muss noch im Versteigerungstermin gestellt werden. Ist er zulässig, wird der Zuschlag nicht erteilt („versagt“) – § 74a ZVG.

Wurde der Zuschlag in einem früheren Termin aus diesem Grunde oder aber auch aus § 85a ZVG (siehe Kapitel 3.2) versagt, ist der Antrag nicht mehr zulässig; das Grundstück kann auch billiger zugeschlagen werden.

Gläubigerbanken setzen die Möglichkeit des Antrags nach § 74a ZVG gerne als „taktische Waffe“ ein, um die Bieter zu höheren Geboten zu veranlassen. Dazu mehr in Kapitel 6.3.

3.4 Auswirkungen bestehen bleibender Rechte

Bleiben nach den Versteigerungsbedingungen Rechte bestehen (hierzu Kapitel 2.4), werden diese mitgerechnet:

- Grundpfandrechte mit dem Nennbetrag
- Rechte der Abteilung II mit dem vom Gericht festgesetzten Zuzahlungsbetrag

Gebot und Wert des bestehen bleibenden Rechts werden hierbei zusammengezählt.

Beispiel:

Angenommen, das Gericht hat den Verkehrswert auf 100.000 Euro festgesetzt. Nach den Versteigerungsbedingungen bleibt eine Grundschuld von 20.000 Euro bestehen und muss somit vom Ersteigerer übernommen werden.

- **Erste Möglichkeit:**
  Das gesamte geringste Gebot (das heißt Mindestbargebot und bestehen bleibendes Recht) beträgt 90.000 Euro. Die „Grenzen“ sind ohne Interesse, da das geringste Gebot höher ist als 70 Prozent des Verkehrswerts.
- **Zweite Möglichkeit:**
  Das Mindestbargebot beträgt nur 10.000 Euro, das geringste Gebot somit 10.000 + 20.000 Euro. Ein Bieter kann jetzt zum Beispiel 10.000 Euro bieten (dazu muss er – ungesagt! – 20.000 Euro zusätzlich übernehmen). Das Gebot wird notiert (zugelassen); einen Zuschlag wird der Bieter aber nicht erhalten, da das Gebot geringer ist

als der halbe Verkehrswert (Gebot = 30.000 Euro gegenüber halbem Wert = 50.000 Euro).

- **Dritte Möglichkeit:**
  Es werden 40.000 Euro bar geboten (dazu kommen wieder die 20.000 Euro).
  Das Gebot ist jetzt höher als der halbe Wert. Es könnte den Zuschlag bekommen. Jedoch kann unter Umständen die Bank den Antrag auf Wiederholung stellen, da keine 70 Prozent geboten worden sind. Ob die Bank den Antrag stellen darf, weiß der Rechtspfleger; ob sie den Antrag wirklich stellt, weiß im Voraus niemand.
  Der Bieter bleibt mit 40.000 Euro bar (+ 20.000 Euro Übernahme) Meistbietender. Die Bank stellt den Antrag und das Gericht ordnet die Wiederholung an (= versagt den Zuschlag, da keine 70 Prozent erreicht sind). Folge: Im nächsten Termin gelten beide Grenzen nicht mehr. Das Grundstück könnte dann theoretisch zum geringsten Gebot ersteigert werden.

4.

Wenn das Haus noch bewohnt ist

4.1 Welchen Einfluss hat die Zwangsversteigerung?

Wohnt der Eigentümer mit seiner Familie im Haus, kann der Ersteigerer nach dem Zuschlag grundsätzlich die Räumung fordern und notfalls auch durchsetzen.

Wohnt jedoch jemand aufgrund eines im Grundbuch eingetragenen Wohnrechts, eines Leibgedings (Altenteils) oder eines Nießbrauchs im Haus, muss unterschieden werden:

- Ist das Recht nach den Versteigerungsbedingungen bestehen geblieben, darf der Berechtigte im Haus bleiben. Die früher getroffene Vereinbarung wirkt auch gegen den Ersteigerer.
- Ist das Recht nach den Versteigerungsbedingungen erloschen, muss der bisher Berechtigte ebenso räumen wie der bisherige Eigentümer (siehe Kapitel 7.3).

4.2 Im Haus wohnen Mieter – was tun?

Der Rechtsgrundsatz „Kauf bricht nicht Miete“ gilt auch für den Erwerb in der Zwangsversteigerung. Der Ersteigerer hat somit grundsätzlich alle Mietverhältnisse so zu übernehmen, wie sie vereinbart sind. Es stehen ihm nur die allgemeinen Kündigungsrechte zu, zum Beispiel wegen Eigenbedarfs (bei Wohnraum), wenn er selbst einziehen will. Dabei sind die vom Mieter durch Zeitablauf bereits erworbenen Kündigungsfristen zu beachten und natürlich auch die gesetzlichen Regeln zur Kündigung. Wer sich hier nicht gut auskennt, sollte sich beraten lassen. In jedem Fall ist damit zu rechnen, dass sich der Einzug sehr verzögern wird und eventuell weitere Kosten auf den Ersteigerer zukommen.

4.3 Besonderheiten bei langfristigen Mietverträgen

Der folgende Abschnitt ist nur zu beachten, wenn der Mieter aufgrund des Mietvertrags längere als die gesetzlichen Kündigungsfristen hat.

Mietverträge mit einer längeren als der gesetzlichen Kündigungsfrist können nach dem Zuschlag ausnahmsweise mit der gesetzlichen (das heißt kürzeren) Kündigungsfrist gekündigt werden, aber nur zum ersten möglichen Kündigungstermin nach dem Zuschlag. Hat der Ersteher trotz Bemühung den Inhalt des Mietvertrags nicht alsbald erfahren, beginnt die vorgenannte Frist erst mit dieser Kenntnis. Bei Wohnraum ist außerdem ein gesetzlicher Kündigungsgrund erforderlich (z. B. Eigenbedarf) und es muss die gesetzliche Form eingehalten werden. Will ein Ersteher von diesem Recht der Sonderkündigung Gebrauch machen, ist Eile und rechtliche Beratung geboten.

Wie bei jeder Kündigung sind zwei Punkte zu beachten:

- die Kündigungsfrist
- der Zeitpunkt des Zugangs der Kündigung beim Gegner (hier beim Mieter), welche die Kündigungsfrist in Lauf setzt

Umstritten ist die Frist, mit welcher in diesem Fall gekündigt werden muss. Mehrheitlich wird unter Bezugnahme auf § 573d Abs. 2 BGB angenommen, diese Frist betrage immer nur drei Monate, so dass sie sich auch gegenüber bereits durch lange Mietdauer ersessener gesetzlicher Kündigungsfristen (§ 573c BGB) durchsetzen würde. Vereinzelt wird angenommen, die bereits ersessene (längere) gesetzliche Kündigungsfrist sei zu beachten. Letztlich wird dies irgendwann die Rechtsprechung klären müssen. Bis dahin sollte mit einer Frist von drei Monaten gekündigt werden.

Die Kündigung muss dem Mieter bis zum dritten Werktag im Monat, welcher dem Zuschlag folgt, zugehen. Bei einem Zuschlag gegen Ende eines Monats kann eventuell der Zugang im übernächsten Monat genügen, wenn der Ersteher trotz Bemühen mangels Information nicht rechtzeitig kündigen konnte. Inzwischen ist geklärt (BGH, Urteil vom 27.04.2005 – VIII ZR 206/04, NJW 2005, 2152), dass ein Samstag zwar bei der Karenzberechnung mitzählt, die Frist aber wegen § 193 BGB nicht an einem Samstag ablaufen kann.

Beispiel (gilt nur für Wohnraum):

Der Zuschlag erfolgte am 10. Mai. Die Kündigung muss spätestens am dritten Werktag im Juni dem Mieter zugehen. Ist der 1. Juni ein Montag, Dienstag oder Mittwoch, gibt es kein Problem; die Kündigung muss spätestens am Mittwoch bzw. Donnerstag bzw. Freitag beim Mieter sein. Ist der 1. Juni ein Donnerstag, kann die Karenz am Samstag oder Sonntag nicht ablaufen und es genügt Zugang am folgenden Montag, vorausgesetzt, dass dieser nicht zufällig am Kündigungsort ein gesetzlicher Feiertag ist. Ist der 1. Juni ein Freitag, muss der Zugang ebenfalls bis Montag erfolgen; im Fall eines Samstags ist Zugang bis Dienstag erforderlich, da in diesen beiden Fällen der Samstag bei der Karenzzeit mitzählt. Ist der 1. Juni ein Sonntag oder gesetzlicher Feiertag, muss der Zugang bis Mittwoch erfolgen.

Angenommen, der Mieter wohnt bereits sieben Jahre in der Wohnung und hätte (§ 573c BGB) eine Kündigungsfrist von sechs Monaten, er hat aber laut Mietvertrag eine Kündigungsfrist von zwei Jahren: Geht nun die Kündigung rechtzeitig (siehe oben) ein, endet das Mietverhältnis nach überwiegender Meinung am 31. August (= drei Monate, § 573d Abs. 2 BGB), nach einer Mindermeinung am 30. November (= sechs Monate, § 573c BGB).

Handelt es sich nicht um Wohnraum, gelten andere Fristen. In diesem Fall ist eine Beratung erforderlich.

Handelte es sich um eine Teilungsversteigerung, gelten die Mietverträge auch dann weiter, wenn langfristige Kündigungsfristen vereinbart sind. Das Ausnahmekündigungsrecht gilt hier nicht.

Checkliste: Besonderheiten bei langfristigen Mietverträgen

Der Ersteigerer hat allein aufgrund der Versteigerung kein Recht, einen Mietvertrag zu kündigen.

Bei Wohnraum: Nur wenn er einen gesetzlichen Grund (meist Eigenbedarf) geltend machen kann, darf er kündigen.

Dabei muss er nicht nur alle Formen, sondern auch die gesetzliche Kündigungsfrist einhalten.

Sind längere Kündigungsfristen vereinbart, muss er diese einhalten, wenn es sich um eine Teilungsversteigerung gehandelt hat.

Bei einer normalen Versteigerung kann er aber längerfristige Verträge mit kürzerer Kündigungsfrist kündigen, wenn:

- er einen Kündigungsgrund hat
- er den ersten gesetzlichen Kündigungstermin wahrt

4.4 Was gilt bei verpachteten Grundstücken?

Die vorgenannten Grundregeln gelten auch für Pachtverträge. Für Voraussetzung, Form und Frist der Kündigung sind die entsprechenden gesetzlichen Regeln anzuwenden. Auch das Sonderkündigungsrecht bei langfristigen Pachtverträgen ist anwendbar, wenn es sich nicht um eine Teilungsversteigerung gehandelt hatte.

4.5 Neues Risiko: Mietkaution!

Für den Fall des Verkaufs wird in § 566a BGB bestimmt, dass der Erwerber dem Mieter bei Beendigung des Mietverhältnisses die Kaution schuldet, auch wenn er sie vom Verkäufer nicht erlangt hat. Das gilt auch für den Erwerb in einer Zwangsversteigerung (§ 57 ZVG)!

Der Ersteher muss somit bei Beendigung des Mietverhältnisses dem Mieter die Kaution erstatten, auch wenn er sie vom früheren Eigentümer nicht erhalten hat. Zwar kann der Ersteher vom früheren Eigentümer die Aushändigung der Kaution verlangen. Das wird ihm aber nur in den eher seltenen Fällen gelingen, in welchen der frühere Eigentümer diese Kaution dem Gesetz entsprechend (§ 551 Abs. 3 BGB, früher § 550 Abs. 2 BGB) angelegt hatte.

Versuchen Sie also, in Erfahrung zu bringen, ob und wie die Mieter Kaution geleistet haben; vielleicht weiß es der Rechtspfleger! In jedem Fall muss dieses Risiko bei der Höhe des Gebots einkalkuliert werden.

Neuerdings muss damit gerechnet werden, dass die Gerichte den Ersteher auf Verlangen des Mieters zwingen, sofort einen Geldbetrag in Höhe der Kaution für diese anzulegen (BGH, Urteil vom 11.03.2009 – VIII ZR 184/08, Rpfleger 2009, 468).

Nach dem Wortlaut des Gesetzes gilt diese Regelung nur für vermieteten Wohnraum, nicht aber für vermietete Geschäfts- oder Gewerberäume. Zwar sieht § 578 BGB für den Fall des Verkaufs die entsprechende Anwendung des § 566a BGB vor. Da aber § 578 BGB in § 57 ZVG nicht erwähnt wurde, erscheint es zumindest fraglich, jedenfalls ungeklärt, ob der Ersteher auch einem gewerblichen Mieter die Kaution ersetzen muss, zumal der BGH die Vorschriften über die Anlage der Kaution auf gewerbliche Miete nicht anwenden will.

Bis zur prozessgerichtlichen Klärung ist ein solches Risiko jedenfalls vorhanden und muss einkalkuliert werden.

5.

Der Entschluss ist gefasst: Sie bieten mit!

5.1 Klären Sie frühzeitig die Finanzierung

Wer sich entschlossen hat, bei der Versteigerung eines bestimmten Objekts mitzubieten, muss mit der konkreten Planung beginnen.

Der erste Weg führt zum Gericht. Man wende sich zunächst an die Geschäftsstelle. Kann dort keine umfassende Auskunft gegeben werden, sollte versucht werden, den zuständigen Rechtspfleger zu sprechen. Spätestens jetzt sollte eine Abschrift des Gutachtens besorgt werden.

Bleibt das Interesse auch nach der Vorsprache beim Gericht erhalten, muss die Finanzierung geklärt werden.

5 Wer zu den glücklichen Leuten gehört, welche die erforderliche Geldsumme zu Hause im Schrank liegen haben, braucht sich weiter keine Gedanken zu machen. Alle anderen müssen sich Folgendes überlegen:

- Sind die zum Kauf eingeplanten Gelder bei einer Bank angelegt: Bis wann muss ich kündigen?
- Was geschieht, wenn das Objekt nicht versteigert oder einem anderen zugeschlagen wird?
- Kann ich die Kündigung zurücknehmen?
- Wäre es eventuell besser, nicht zu kündigen, sondern mit einem Zwischenkredit zu finanzieren?

Wer einen Kredit benötigt und hierfür eine sogenannte dingliche Sicherheit (eine Grundschuld oder Hypothek) bestellen soll, muss unbedingt zu diesem Zeitpunkt mit seiner Bank die nötigen Schritte erörtern.

Früher erfolgte beim Kauf die Abwicklung des Kaufpreises über den Notar. Muss heute der Käufer den Kaufpreis durch Belastung des gekauften Grundstücks finanzieren, werden für einen Laien unverständliche, schwierige Konstruktionen vereinbart, nur um zu erreichen, dass das Geld direkt an den Verkäufer fließen kann.

Bei der Zwangsversteigerung geht das aber nicht, da der Versteigerungserlös zunächst zu Händen des Gerichts zu zahlen ist, welches später die Auszahlung veranlasst. Somit muss der Ersteher bereits zahlen, bevor die zur Absicherung seiner Bank erforderliche Grundschuld im Grundbuch eingetragen ist. Banken mit entsprechender Erfahrung wissen das und wissen auch, wie sie sich sichern müssen. Unerfahrene

Kreditsachbearbeiter wissen es leider manchmal nicht, und der Ersteigerer bekommt jede Menge Probleme. Deshalb unbedingt vorher genau absprechen, wie die Finanzierung laufen soll.

5.2 Wer soll Eigentümer werden?

Wer das Grundstück für sich allein erwerben will, hat mit dieser Frage keine Schwierigkeiten. Wollen aber zum Beispiel Eheleute gemeinschaftlich (z. B. in Bruchteilsgemeinschaft, je zur Hälfte) oder wollen Eltern für ein volljähriges Kind erwerben, ist zu beachten:

- Nach Möglichkeit sollen alle Personen, die Eigentümer werden wollen, gemeinsam zum Versteigerungstermin gehen.
- Ist das nicht möglich, muss eine öffentlich beglaubigte Vollmacht mitgenommen werden. Das gilt auch für volljährige Kinder und für Ehemänner, die für sich und die Ehefrau bieten wollen. Es gibt leider immer noch Ehemänner, die glauben, sie seien die gesetzlichen Vertreter ihrer Frau!
- Wurde das versäumt, drohen höhere Kosten und im schlimmsten Fall auch noch doppelte Grunderwerbsteuer. Vielleicht gibt es aber im Versteigerungstermin noch eine Rettung, wenn der Rechtspfleger mitspielt (hierzu Kapitel 6.4).

Bei der Eigentümerfrage gibt es einige Sonderfälle, bei denen bestimmte Aspekte zu beachten sind.

Minderjährige Kinder

Für minderjährige Kinder, die Eigentümer werden sollen, muss der Elternteil bieten, dem die elterliche Sorge zusteht. Im Normalfall (Eltern sind verheiratet) sind das beide Eltern gemeinsam, im Todesfall der Überlebende allein.

Sind die Eltern nicht verheiratet, hat die Mutter die elterliche Sorge allein, falls keine gemeinsame formelle Sorgeerklärung abgegeben wurde.

Nach Trennung oder Scheidung der Eltern steht die Berechtigung zum Bieten jenem Elternteil zu, dem das Gericht die elterliche Sorge zugesprochen hat. Der Gerichtsbeschluss ist zum Termin mitzubringen.

Steht das Kind unter Vormundschaft, bietet der Vormund für das Kind.

Gleichgültig wer das Kind vertritt: Zum Bieten ist immer die Genehmigung des Familiengerichts erforderlich, die vorher besorgt werden muss und nicht nachgebracht werden kann. Das minderjährige Kind selbst muss im Termin nicht anwesend sein.

Verein

Will der Vereinsvorstand für den eingetragenen Verein (e. V.) bieten, ist die Vorlage eines (nicht allzu alten!) beglaubigten Auszugs aus dem Vereinsregister erforderlich. Wird dieses Register beim gleichen Gericht geführt, kann mit Zustimmung des Rechtspflegers (vorher fragen!)

auf das Register Bezug genommen werden. Wird der Verein von mehreren Vorstandsmitgliedern gemeinsam vertreten, müssen diese „in vertretungsberechtigter Zahl“ anwesend sein. Anderenfalls müssen Vollmachten vorgelegt werden, die ebenfalls öffentlich beglaubigt sein müssen.

> **Wichtig:** Ein erforderlicher Vereinsregisterauszug oder eine Vollmacht müssen bereits beim Bieten vorliegen. **Nachreichen ist nicht möglich!**

Ein nicht im Vereinsregister eingetragener Verein kann **nicht** unter seinem Namen im Grundbuch als Eigentümer eingetragen werden (und deshalb auch nicht bieten), obwohl inzwischen eine weitgehende Rechtsangleichung stattgefunden hat.

Firma

Wer für eine Firma bieten will, muss unterscheiden:

- Für einen „Einzelkaufmann“ gibt es keine besondere Vorschrift, da hier keine Trennung zwischen Geschäfts- und Privatvermögen stattfindet, auch wenn dies steuerlich anders ist.
- Soll jedoch für eine OHG, KG oder eine GmbH geboten werden, muss der Bieter seine Vertretungsmacht durch einen beglaubigten Handelsregisterauszug neueren Datums nachweisen, falls der Rechtspfleger keinen Bezug auf das Handelsregister beim gleichen Gericht zulässt. Nachreichen ist nicht möglich! Auch hier müssen alle nur

gesamtvertretungsberechtigten Personen anwesend sein. Der alleinvertretungsberechtigte Prokurist darf für die Firma bieten.

Gesellschaft bürgerlichen Rechts

Seit dem 01.01.2024 sind für die Gesellschaft bürgerlichen Rechts neue gesetzliche Regelungen in Kraft getreten. In diesem Zusammenhang ist auf den indirekten Eintragungszwang in das Gesellschaftsregister hinzuweisen. Ohne vorherige Registrierung der GbR im Gesellschaftsregister kann die Eintragung der GbR im Grundbuch nicht erfolgen. Und da das Vollstreckungsgericht am Ende des Verfahrens das Grundbuchamt um Eintragung des Erstehers als neuen Eigentümer ersuchen muss, muss bereits beim Bieten der Nachweis der sogenannten Außengesellschaft (als eGbR) erfolgen.

Das Gesellschaftsregister wird von denselben Amtsgerichten geführt, die auch für die Handels-, Genossenschafts-, Partnerschafts- und Vereinsregister zuständig sind. Die Registrierung der eGbR bringt einige Vorteile. Die Teilnahme am Geschäftsverkehr insgesamt wird erleichtert:

- Als öffentliches Register ist das Gesellschaftsregister für jeden kostenlos einsehbar, womit wesentliche Informationen der eGbR abgerufen werden können.
- Der Inhalt des Registers genießt den öffentlichen Schutz des guten Glaubens an dessen Richtigkeit.
- Damit wird auch der Nachweis der Vertretungsbefugnis der Gesellschafter im Geschäftsverkehr vereinfacht. Das BGB geht als Regelfall von einer Gesamtvertretungsbefugnis aus. Im Gesellschaftsvertrag kann aber auch etwas anderes vereinbart sein.

Für das Bieten gilt damit das für die OHG Gesagte entsprechend. Dies bedeutet:

Der Bieter muss seine Vertretungsmacht durch einen beglaubigten Registerauszug neueren Datums nachweisen, falls der Rechtspfleger keinen Bezug auf das Register beim gleichen Gericht zulässt. Nachreichen ist nicht möglich! Auch hier müssen alle gesamtvertretungsberechtigten Personen anwesend bzw. vertreten sein. Bei Abgabe des Gebots muss der im Register eingetragene Name der Gesellschaft (mit dem Zusatz „eingetragene Gesellschaft bürgerlichen Rechts“ oder „eGbR“) angegeben werden. Ein etwa erforderlicher Nachweis sowie eine notwendige Vollmacht bedürfen der öffentlichen Beglaubigung (vgl. Kapitel 5.4).

Gütertrennung und -gemeinschaft

Wer einen notariellen Gütervertrag geschlossen und eine sogenannte Gütergemeinschaft vereinbart hat, muss im Vertrag nachlesen, was dort über die Verwaltung des Gesamtguts bestimmt ist. Ist nichts bestimmt oder ist bestimmt, dass beide Eheleute gemeinsam verwalten, müssen beide zum Bieten mitkommen. Wurde der Ehemann oder die Ehefrau als Alleinverwalter(in) bestellt, kann er/sie auch allein für das Gesamtgut der Gütergemeinschaft bieten. Der Vertrag muss unbedingt mitgebracht werden.

Wichtig: Ein Erbvertrag ist kein Gütervertrag! Allerdings befinden sich manchmal beide Verträge in einer Urkunde.

Bei Gütertrennung gibt es keine Besonderheit. Jeder Ehepartner kann für sich allein bieten; beide auch gemeinsam zu beliebigen Bruchteilen.

Da nach dem Lebenspartnerschaftsgesetz (LPartG) Lebenspartner einer eingetragenen Lebenspartnerschaft den Eheleuten gleichstehen, können diese gemäß § 7 LPartG eine Vereinbarung treffen, die der Gütergemeinschaft oder Gütertrennung entspricht.

Ausländer

Bürger und Firmen aus einem EU-Staat unterliegen keinen Beschränkungen. Aber auch Bürger und Firmen außerhalb der EU können in Deutschland Grundbesitz erwerben und somit Gebote bei einer Zwangsversteigerung abgeben. Von der Ermächtigung nach Art. 86 Satz 2 EGBGB, solchen Erwerb zu beschränken oder von einer Genehmigung abhängig zu machen, hat die Bundesregierung bisher – soweit ersichtlich – keinen Gebrauch gemacht.

Es können für Ausländer jedoch folgende Probleme auftreten:

- Sprachschwierigkeiten: Wen akzeptiert das Gericht als Dolmetscher, wenn der Bieter die deutsche Sprache nicht ausreichend beherrscht, um dem Termin zu folgen?
- Volljährigkeit: Sie richtet sich nach dem Heimatrecht!
- Eheliches Güterrecht: Es richtet sich zumindest dann nach dem Heimatrecht, wenn keiner der beiden Ehegatten bei Eheschließung oder Vertragsschluss deutscher Staatsangehöriger war.

Alle diese Fragen sollten rechtzeitig vorher mit dem Rechtspfleger besprochen werden. Im Termin lassen sich Zweifelsfälle kaum zufriedenstellend lösen.

Landwirtschaft

Wird landwirtschaftlicher Grundbesitz versteigert, darf jeder mitbieten. Biete-Genehmigungen sind schon lange nicht mehr erforderlich.

5.3 Was muss zum Versteigerungstermin mitgenommen werden?

Zunächst einmal muss sich der Bieter auf Verlangen des Rechtspflegers ausweisen können. Deshalb ist unbedingt der Personalausweis mitzubringen.

Die Kopie des Gutachtens sollte ebenfalls mit dabei sein, ebenso die Notizen, die anlässlich der Information gemacht wurden.

5.4 Die Biete-Vollmacht

Wer für einen anderen bieten will, benötigt eine Biete-Vollmacht. Das gilt auch für Ehegatten sowie Eltern, die für volljährige Kinder bieten wollen.

Die Biete-Vollmacht muss öffentlich beglaubigt sein. Eine solche Beglaubigung erhält man:

- bei jedem Notar, nicht aber beim Rechtsanwalt, wenn er kein Notar ist
- bei Beglaubigungsbehörden, die nach Landesrecht hierzu ausdrücklich ermächtigt sind (bei Gemeinde oder Gericht danach fragen!)

Nicht gültig sind amtliche Beglaubigungen durch den Pfarrer oder die Polizei.

Notare wissen natürlich, wie eine solche Vollmacht beglaubigt werden muss, und sie sind auf Verlangen auch in der Lage, den Text der Vollmacht zu schreiben. Dafür sind sie meist auch wesentlich teurer als die Beglaubigungsbehörden. Dort ist man jedoch nicht bereit, die Vollmacht zu schreiben. Diese muss deshalb selbst geschrieben und mitgebracht werden (siehe Muster Kapitel 10.1). Außerdem ist unbedingt darauf zu achten, dass der richtige Stempel verwendet wird. Solche Behörden haben nämlich zwei Stempel: „amtlich beglaubigt" gilt nicht, es muss unbedingt „öffentlich beglaubigt" heißen!

Wichtig: In jedem Fall muss die Person, welche die Vollmacht erteilt (nicht zum Versteigerungstermin gehen will), persönlich zum Notar oder zur Beglaubigungsbehörde gehen und sich bei der Unterschrift ausweisen. Der Bevollmächtigte selbst muss nicht dabei sein.

Schon vor längerer Zeit hat der BGH [12] die umstrittene Frage geklärt, dass § 79 ZPO in seiner neuen Fassung den Kreis der Personen, die als Bevollmächtigte für einen anderen als Bieter auftreten dürfen, nicht einschränkt. Es kann somit nach wie vor jede geschäftsfähige Person bevollmächtigt werden, die diese Vertretung nicht gewerbsmäßig übernimmt – somit auch „rechtskundige" Leute aus dem Bekanntenkreis. Natürlich können Sie auch Personen zu Ihrer Unterstützung in den Termin mitbringen. Soweit das Gespräch mit diesen nicht stört, bestehen keine Einschränkungen. Wollen Sie selbst nicht „sprechen", kann Ihr Begleiter als Beistand (§ 90 ZPO) für Sie als Bieter Erklärungen abgeben, das heißt bieten oder zum Beispiel Widerspruch gegen die Zurückweisung Ihres Gebots einlegen. Seine Erklärungen gelten als von Ihnen abgegeben, wenn Sie nicht sofort widersprechen. Der Beistand braucht keine Vollmacht, da Sie ja anwesend sind. Das Gericht kann Ihrem Beistand den weiteren Vortrag untersagen, wenn er nicht sachgerecht vorträgt.

---

[12] BGH, Urteil vom 20.01.2011 – I ZR 122/09, Rpfleger 2011, 339.

Minderjährige können nicht bevollmächtigt werden. Unberührt bleibt die Befugnis des gesetzlichen Vertreters zum Bieten im Rahmen der Vertretung (Firma, Verein, Eltern, Vormund etc.).

Weist der Rechtspfleger Ihr Gebot zurück, sollten Sie ausdrücklich dieser Zurückweisung widersprechen. Das kostet nichts, schützt aber Ihr Gebot vor dem Erlöschen. Wiederholen Sie bei jedem späteren Gebot den Widerspruch immer wieder!

5.5 Die Biete-Sicherheit

Grundsätzlich muss jeder Bieter bei der Abgabe des Gebots damit rechnen, Sicherheit leisten zu müssen. Ausgenommen sind nur staatliche Behörden sowie in den meisten Bundesländern die Gemeinden und ihre Sparkassen.

Wann muss Sicherheit geleistet werden?

Nicht jeder Bieter muss bei Abgabe des Gebots Sicherheit leisten! Das Gericht ordnet die Sicherheitsleistung **nur auf Antrag eines Beteiligten** (Bieter sind als solche keine „Beteiligten“) an. Ob dieser Antrag gestellt werden darf, muss der Rechtspfleger nach schwierigen Regeln berechnen. Ist der Antrag zulässig, muss (!) das Gericht die Sicherheitsleistung anordnen; ein Ermessen hat es nicht. Das ist keine Frage der Bonität des Bieters.

- Der Rechtspfleger weiß vor dem Versteigerungstermin noch nicht, ob Sicherheit verlangt werden wird, denn das Verlangen muss im Termin gestellt werden.
- Es ist möglich, dass ohne erkennbaren Grund von einem der Bieter Sicherheit verlangt wird, vom anderen nicht. Mit Bonität hat das nichts zu tun. Manche Gläubiger setzen das Sicherheitsverlangen als taktische Waffe ein.
- Es ist möglich, dass zunächst einige Gebote des Bieters ohne ein Verlangen nach Sicherheit zugelassen werden, dann aber plötzlich Sicherheit gefordert wird und auf gerichtliche Anweisung geleistet werden muss.

Wie hoch ist die Sicherheit?

Die Sicherheit richtet sich nicht (mehr) nach der Höhe des Gebots, sondern nach der Angabe des Verkehrswerts in der Terminsbestimmung (§ 68 Abs. 1 ZVG), hilfsweise nach dem tatsächlich festgesetzten Wert. Sie beträgt 10 Prozent dieses Betrags, das heißt sie ist von der Höhe des abgegebenen Bargebots unabhängig. Das kann zu Problemen führen, wenn angesichts bestehen bleibender Belastungen das abzugebende Bargebot im Verhältnis zum Wert des Objekts ungewöhnlich niedrig ist. Denn die Sicherheit muss auch in diesem Fall in voller Höhe geleistet werden und der Meistbietende, der mit einem Scheck (!) oder gar durch vorherige Überweisung Sicherheit geleistet hat, muss circa zwei Wochen auf die Rücküberweisung des unnötig eingezahlten Geldes warten.

> ***Praxis-Tipp:***
>
> *Wenn Sie angesichts hoher bestehen bleibender Lasten nur wenig in bar bieten wollen, bringen Sie zwei Schecks mit: einen in Höhe des von Ihnen beabsichtigten höchsten Bargebots und einen über die Differenz zwischen diesem und 10 Prozent des Verkehrswerts.*

Beispiel:

Verkehrswert: 100.000 Euro
bestehen bleibende Rechte: 70.000 Euro
Absicht des Bieters maximal 76.000 Euro anzulegen, das heißt höchstens 6.000 Euro bar zu zahlen.
zwei Schecks: einen über 6.000 Euro und einen über 4.000 Euro (= zusammen 10 Prozent von 100.000 Euro).

Bestimmte Gläubiger können verlangen, dass höhere Sicherheit geleistet wird. In der Praxis kommt das nur selten vor. Der Schuldner und Personen, die während des Zwangsversteigerungsverfahrens das Grundstück vom Schuldner erworben haben, müssen auf Antrag der Gläubiger bis zur Höhe des Gebots Sicherheit leisten.

Eine ebenso sinnlose wie schlampig durchdachte Rechtsänderung (§ 68 Abs. 4 ZVG) kann zur Folge haben, dass der Schuldner ein wahnsinnig hohes Gebot abgeben darf, ohne diese erhöhte Sicherheit sofort leisten zu müssen. Dennoch können weiter niedrigere Gebote abgegeben werden, die zum Zuge kommen, wenn der Schuldner später – wie zu erwarten – die erhöhte Sicherheit nicht leisten kann. Lassen Sie sich durch diesen Unsinn nicht vom Bieten abschrecken! Der Rechtspfleger wird Ihnen auf Wunsch genau erklären, wie es weitergeht.

Wie kann man Sicherheit leisten?

Sicherheit kann nicht durch Übergabe von Bargeld im Versteigerungstermin geleistet werden (§ 69 Abs. 1 ZVG). Es sind nur folgende Möglichkeiten zugelassen:

Sicherheitsleistung durch Schecks

Sicherheit kann durch Übergabe eines Verrechnungsschecks geleistet werden. Die Schecks müssen von einem Kreditinstitut, das in dem Institutsregister nach § 32 Abs. 5 Satz 1 des Kreditwesengesetzes aufgeführt ist, oder der Bundesbank ausgestellt und im Inland zahlbar sein. Der Scheck darf nicht früher als am dritten Werktag vor dem Versteigerungstermin ausgestellt sein, damit das Gericht nach dem Scheckgesetz noch vier Tage Zeit hat, ihn einzulösen (§ 69 Abs. 2 ZVG).

Beispiel:

Versteigerungstermin Freitag, 11. April; Scheck ausgestellt am 11. April oder 10. April oder 9. April oder 8. April. Einen Scheck vom Montag, 7. April müsste das Gericht zurückweisen. Nimmt es ihn aber trotzdem an und wird der Scheck eingelöst, darf es deshalb den Zuschlag nicht versagen!

Ein Sonntag oder Feiertag wird nicht in die Frist eingerechnet. Leider besteht keine Einigkeit darüber, wie ein Samstag zu behandeln ist.[13] Überwiegend wird – davon ausgehend, dass man samstags keine Schecks bekommt und keine Versteigerungstermine stattfinden – angenommen:

---

[13] Dazu eine ausführliche Stellungnahme von Rellermeyer, Rpfleger 2012, 182.

- Versteigerungstermin am Montag → Scheck frühestens Donnerstag (oder Freitag, Montag)
- Versteigerungstermin am Dienstag → Scheck frühestens Freitag (oder Montag, Dienstag)
- Versteigerungstermin am Mittwoch → Scheck frühestens Montag (oder Dienstag, Mittwoch)
- Versteigerungstermin am Donnerstag → Scheck frühestens Montag (oder Dienstag, Mittwoch)

Diese Sicherheitsleistung ist der praktische Normalfall, da jeder Bieter – Bonität vorausgesetzt – leicht einen solchen Scheck erhalten kann.
5 Da die Bank den Kunden ab der Ausstellung belastet, soll der Tag der Ausstellung und vor allem die Kostenbelastung im Fall der Rückgabe mit der Hausbank abgesprochen werden.

Werden aber mehrere Grundstücke in verschiedenen Verfahren gleichzeitig versteigert, ist es besser, getrennte Schecks mitzubringen, wenn in mehreren Verfahren geboten werden soll. Zwar hat der BGH (Beschluss vom 05.06.2008 – V ZB 150/07, Rpfleger 2008, 515) in einem Sonderfall einen einheitlichen Scheck als ausreichend angesehen, aber darauf verlassen sollte man sich nicht.

Sicherheitsleistung durch Bankbürgschaft

Weiterhin sind Bankbürgschaften zugelassen, welche selbstschuldnerisch, unbedingt und unbefristet und von einer im Inland zugelassenen Bank ausgestellt sein müssen. Der Schuldner und Personen, welche nach Anordnung der Versteigerung das Grundstück vom Schuldner erworben haben, dürfen mit Bürgschaft keine Sicherheit leisten. Die Erfahrung hat gezeigt, dass nicht alle Sachbearbeiter der Bank wissen, wie eine Bürgschaft für die Zwangsversteigerung auszusehen hat. Daher bitte kontrollieren:

- Sie muss selbstschuldnerisch sein (das ist bei einer Bankbürgschaft die gesetzliche Regel);
- sie muss unbefristet sein, darf somit zum Beispiel nicht „auf die Dauer von drei Monaten“ ausgestellt sein; wohl aber auf die Rückgabe der Urkunde;

- sie muss unbedingt sein, darf somit keine Bedingung enthalten; wohl aber die Angabe des Höchstbetrags, zu welchem gebürgt wird.

Vor der Ausstellung der Bürgschaftsurkunde sollte man vereinbaren, welche Kosten die Bank erhebt, wenn die Urkunde nicht benötigt und am gleichen Tag wieder zurückgebracht wird. Manche Banken verlangen nur eine geringe Ausstellungsgebühr, andere langen kräftig zu.

Wichtig: Andere Bürgschaften als Bankbürgschaften sind nicht zugelassen.

Sicherheitsleistung durch vorherige Geldüberweisung

Es wäre auch zulässig, rechtzeitig vor dem Termin den Geldbetrag auf ein Konto der Gerichtskasse (als Verwahrgeld) zu überweisen. Der Betrag muss dort so rechtzeitig eingehen, dass im Termin der entsprechende Nachweis bei den Akten liegt.

Diese 2007 eingeführte, absolut sinnlose dritte Möglichkeit ist für die Bieter nachteilig und für das Gericht mit Problemen verbunden, wenn der Bieter in mehreren kurz hintereinander stattfindenden Terminen bieten will, weil er im früheren Termin nicht zum Zuge gekommen ist.

Wichtig: Es wird dringend abgeraten, von dieser Möglichkeit Gebrauch zu machen. Wer es dennoch tut, soll sich nicht wundern (und das Gericht hierfür nicht verantwortlich machen), wenn er wochenlang auf die Rückzahlung warten muss, falls die Sicherheit nicht gebraucht wurde.

Andere Sicherheitsmittel

Mit Rücksicht auf eine – allerdings sehr vage formulierte – Entscheidung des BGH nehmen die Gerichte auch mit Zustimmung des Sicherheitsverlangenden keine anderen Sicherheiten mehr an.

Folge nicht geleisteter Sicherheit

Kann der Bieter nach der Anordnung des Gerichts nicht sofort Sicherheit leisten oder bietet er nur eine nicht ausreichende oder untaugliche Sicherheit an, wird sein Gebot zurückgewiesen. Er darf nur weiter mitbieten, wenn er die Sicherheit noch während der Bietezeit holen kann. Es ist nicht möglich, die Sicherheit nachzubringen!

Werden Sie als Bieter – was so gut wie nie vorkommt, falls Sie nicht der Schuldner sind oder das Grundstück nach Anordnung der Versteigerung vom Schuldner erworben haben – mit dem Verlangen nach einer erhöhten Sicherheit konfrontiert, sprechen Sie mit dem Rechtspfleger. Wenn Sie die Normalsicherheit (10 Prozent) sofort leisten, wird Ihnen ausnahmsweise Gelegenheit gegeben, die Differenz nachzubringen.

Verbleib der Sicherheit

Wird ein Bieter, der Sicherheit geleistet hat, überboten und will nicht mehr mitbieten, kann er auch während der Bietezeit seine Sicherheit zurückverlangen und weggehen (oder auch bleiben und zuhören).

Beträgt ausnahmsweise das Meistgebot weniger als 10 Prozent des Verkehrswerts, wird der überschießende Teil der Sicherheit zurückgegeben. Bei nicht teilbaren Schecks wird dies nur durch Rücküberweisung möglich sein und deshalb einige Zeit in Anspruch nehmen.

Haben Sie entgegen dem hiesigen Rat die Sicherheit durch Voreinzahlung von Geld geleistet, müssen Sie etwa zwei bis drei Wochen auf das Geld warten. Schneller geht’s nicht!

6.

Jetzt wird's ernst: Heute ist Versteigerungstermin!

6.1 Letzte Vorbereitungen

Wer noch keine Versteigerung miterlebt hat, sollte sich die Zeit nehmen, vor dem Termin, in welchem er selbst mitbieten will, an einer anderen Versteigerung als Zuhörer teilzunehmen. Das gibt Gelegenheit, den Ablauf des Verfahrens kennenzulernen. Dabei sollte man unbedingt anhand des gewonnenen Wissens den Terminablauf aufmerksam verfolgen und insbesondere prüfen, ob man die Versteigerungsbedingungen in diesem Termin gemäß der gerichtlichen Feststellung verstanden hat.

Im Ernstfall kann man ruhiger zur Sache gehen, wenn man die Atmosphäre eines solchen Termins bereits kennt. Zeit soll genügend vorhanden sein. Der Termin wird ungefähr eine Stunde dauern. Natürlich kann man jederzeit weggehen. Aber viele Termine beginnen langweilig und werden erst am Schluss interessant.

Checkliste: Wichtige Unterlagen

Sie sollten in Ruhe noch einmal überprüfen, ob alle Unterlagen beisammen sind:

- Personalausweis
- Biete-Sicherheit (Scheck, Bürgschaftsurkunde)
- Kopie des Gutachtens

Soweit erforderlich:

- Vollmacht
- Ehevertrag bzw. Lebenspartnerschaftsvertrag
- Beschlüsse des Familiengerichts
- Auszug aus Handels-, Gesellschafts- oder Vereinsregister

6.2 Der große Tag: Versteigerungstermin

Der Termin beginnt mit der Feststellung der Verfahrensbeteiligten. Wer nur zum Bieten gekommen ist, muss sich nicht melden. Es melden sich aber die Vertreter der Gläubiger, also regelmäßig der Banken. Man sollte sich merken, wer welche Bank vertritt. Vielleicht ergibt es sich, dass während der Bietezeit mit ihm (vor der Tür) verhandelt werden muss.

Nun wird der Rechtspfleger möglicherweise ellenlange Listen von Schulden des Eigentümers verlesen. Nicht beeindrucken lassen; diese Schulden müssen die Bieter nicht bezahlen.

Wichtig ist, was die Gemeinde an öffentlichen Lasten angemeldet hat. Was diese aus dem Erlös bekommt, muss der Ersteher später nicht mehr zahlen.

Wird ein Wohnungseigentum versteigert, muss beachtet werden, ob die Gemeinschaft der Wohnungseigentümer etwas angemeldet hat. Zwar würde der Ersteher wahrscheinlich für diese Beträge nicht haften, aber so entgeht er der Gefahr, zu Unrecht zur Kasse gebeten zu werden.

Die Versteigerungsbedingungen

Ganz genau hinhören muss man jedoch, wenn die Versteigerungsbedingungen bekannt gemacht werden:

- Sind Gegenstände (Zubehör) von der Versteigerung ausgenommen?
- Bleiben Rechte bestehen? Wenn ja, welche?
- Wird etwas über Mieter gesagt? Wird etwas zur Mietkaution gesagt?
- Wie hoch ist das Mindestbargebot?

Mehrere Grundstücke werden versteigert

Manchmal werden mehrere Grundstücke in einem Termin versteigert. Dazu muss man Folgendes wissen:

Einzelausgebot

Im Normalfall wird jedes Grundstück einzeln versteigert und kann somit auch einzeln erworben werden. Man nennt dies Einzelausgebot. Sind zwei oder mehrere Grundstücke einheitlich überbaut, können sie ohne Weiteres auch zusammen ausgeboten werden.

Gesamtausgebot

Anderenfalls muss das Gericht auf Antrag eines Beteiligten (das heißt nicht der Bieter) anordnen, dass alle Grundstücke nur (oder auch) im Block angeboten werden. Das nennt man „Gesamtausgebot“.

Gruppenausgebot

Bilden mehrere – aber nicht alle – zur Versteigerung anstehenden Grundstücke wirtschaftlich eine Einheit, kann das Gericht auch anordnen, dass diese Grundstücke gemeinsam (als wären sie nur ein Grundstück) versteigert werden. Das nennt man Gruppenausgebot.

Beispiel:

Zur Versteigerung stehen drei Grundstücke, ein Haus, ein Garten und ein Bauplatz. Folgende Möglichkeiten gibt es:

Einzelausgebot: Jedes Grundstück wird getrennt angeboten.

Gesamtausgebot: Alle drei Grundstücke werden nur auf ein einheitliches Gebot abgegeben oder aber man kann wahlweise einzeln oder auf den Block bieten. Später entscheidet die höhere Gesamtsumme.

Gruppenausgebot: Haus und Garten gehen nur zusammen (= Gruppenausgebot), Bauplatz separat (= Einzelausgebot).

Das wird vom Gericht entschieden. Der Bieter kann die Entscheidung nicht unmittelbar beeinflussen. Bilden aber zum Beispiel zwei von mehreren Grundstücken (wie oben Haus und Garten) wirtschaftlich eine Einheit (was möglicherweise das Gericht nicht weiß), kann man einen Beteiligten (z. B. die Gläubigerbank) bitten, Antrag auf Gruppenausgebot zu stellen.

Gehört das Grundstück mehreren Leuten in Bruchteilsgemeinschaft (z. B. Eheleuten je zur Hälfte), wird höchstwahrscheinlich das Gesamtausgebot der Bruchteile beschlossen werden, wenn ein Beteiligter dies beantragt oder das Grundstück bebaut ist. Bitte nicht verwirren lassen! Kaum jemand wird auf diese Bruchteile bieten; meist wird dies sogar ausgeschlossen. Man bietet dann einfach auf das Gesamtausgebot der Bruchteile, das heißt auf das Grundstück.

6.3 Die Bietezeit

Ist all das erledigt, beginnt die Bietezeit. Es wird minutengenau Zeit genommen. Die Versteigerung muss **mindestens 30 Minuten** dauern, auch wenn niemand bieten will. Sie kann länger dauern, wenn am Schluss der Bietezeit immer noch geboten wird.

Normalerweise geschieht zu Beginn der Bietezeit überhaupt nichts. Das ist eine günstige Zeit für den Bieter, den Rechtspfleger zu fragen, wenn etwas nicht richtig verstanden wurde. Keine Angst vor Fragen! Rechtspfleger sind (fast) alle freundliche Leute. Bitte aber erst zu diesem Zeitpunkt und nicht während der Verhandlung Fragen über die Versteigerungsbedingungen stellen!

Jeder (außer dem Rechtspfleger) darf während der Bietezeit selbstverständlich den Saal verlassen. Bieter sollten dies aber nicht ohne Grund tun.

> ***Praxis-Tipp:***
>
> *Es ist üblich, dass die Vertreter der Gläubigerbanken auf Wunsch mit Interessenten vor der Saaltür sprechen.*

Mit wem sollte gesprochen werden?

Mit der Bank, deren Grundschuld nach den Versteigerungsbedingungen bestehen bleibt:

- Kann das Recht sofort abgelöst werden?
- Gegen welche Zahlung wird eine Löschungsbewilligung erteilt?
- Würde die Bank statt der Löschung auch Kredit gewähren, zu welchem Zinssatz und mit welchen Nebenkosten?

Mit der Bank, die erstrangig die Versteigerung betreibt (das hatte der Rechtspfleger einleitend bekannt gemacht!):

- Bei welchem Gebot ist das Interesse der Bank gewahrt? Bietet die Bank mit?
- Zu welchen Konditionen würde die Bank eventuell Kredit gewähren, wenn ihr Recht „ausgeboten“ wird? (Sollte die erstrangige Bank nur eine geringe Forderung haben, die in jedem Fall ausgeboten werden wird, muss das Gespräch mit jener Bank geführt werden, die an der Verlustgrenze steht.)

Praxis-Tipp:

Bedenken Sie dabei immer: Mag der Bankvertreter noch so freundlich sein: er ist – wirtschaftlich gesehen – Ihr Gegner. Er will möglichst viel erzielen, und Bieter wollen möglichst wenig zahlen. Wenn es nicht gerade die Hausbank ist, sollte man das Limit nicht verraten!

Fast immer kann der Vertreter der Gläubigerbank den Versteigerungstermin platzen lassen, indem er die einstweilige Einstellung bewilligt oder aber den Antrag nach § 74a ZVG (dazu Kapitel 3.3) stellt. Ob er es aber später auch wirklich tut, weiß man vorher nicht. Denn das bedeutet für die Bank auch eine monatelange Verzögerung bis zum Geldeingang und eventuell eine Verschlechterung des Objekts in dieser Zeit.

Jetzt sollte geboten werden

Es kommt der Zeitpunkt, an dem jemand bieten sollte, aber keiner will den Anfang machen. Warum nicht gleich jetzt ein Gebot abgeben? Natürlich nicht sofort „in die Vollen" gehen. Wer das Grundstück ernsthaft haben will, könnte zum Beispiel den halben Verkehrswert bieten, wenn dies noch innerhalb des eigenen Limits ist.

Wichtig: Die bestehen bleibenden Rechte kommen noch zum Gebot dazu! Nicht vergessen!

Geboten wird durch Zuruf vom Sitzplatz aus. Es ist nicht üblich, zum Bieten unaufgefordert nach vorn zu kommen. Man gibt dem Rechtspfleger ein Zeichen, dass man bieten möchte, und sagt zum Beispiel: „Ich biete 30.000 Euro."

Stehen mehrere Ausgebote zur Wahl, muss außerdem gesagt werden, auf welches Ausgebot geboten wird, zum Beispiel: „Ich biete auf das Ausgebot ohne Leibgeding 30.000 Euro." oder: „Ich biete auf das Gesamtausgebot 30.000 Euro."

Der Rechtspfleger wird jetzt nach dem Namen fragen oder sich den Ausweis vorlegen lassen.

Ist Sicherheit erforderlich, wird zur Sicherheitsleistung aufgefordert. Ohne eine solche Aufforderung sollte keine Sicherheit angeboten werden.

Wichtig: Wer eine Vollmacht in der Tasche hat, muss sofort (!) sagen, dass er nicht für sich, sondern einen anderen bieten will. Es ist zwar zulässig, dies bis zum Terminende aufzuschieben, jedoch kann dies sehr teuer werden (doppelte Grunderwerbsteuer; eigene Haftung für das Gebot!).

Wollen mehrere Personen gemeinsam (Ehegatten) bieten und sind alle anwesend, soll sofort klargestellt werden, wer Eigentümer werden soll. Man kann mit dem Rechtspfleger vereinbaren, dass alle künftigen Gebote des „Sprechers" für die Gemeinschaft gelten sollen (siehe auch Kapitel 5.4 „Beistand"). 6

Regelmäßig bieten mehrere Personen in Bruchteilsgemeinschaft, zum Beispiel Ehegatten „als Miteigentümer je zur Hälfte". Ausnahmen sind etwa Gütergemeinschaften mit Gütervertrag.

Es muss mündlich geboten werden. Mit Zetteln bieten darf nur, wer stumm ist. Telefonische Gebote (wie bei Briefmarken-Auktionen) oder Gebote vor dem Termin sind nicht zulässig.

Übergebote

Es gibt keine gesetzliche Regelung, um welchen Betrag ein bereits abgegebenes Gebot eines anderen Bieters überboten werden muss. Manche Rechtspfleger bestimmen in den Versteigerungsbedingungen solche sogenannten Bietsprünge. Nach der hier vertretenen Auffassung ist das aber nicht zulässig.

Dennoch sollte sich die Höhe des Übergebots am Wert des Objekts orientieren. Wer bei einem Objekt von 110.000 Euro lediglich 1 Euro mehr bietet, wird zwar Heiterkeit im Saal auslösen, dem Rechtspfleger aber sinnlose Mehrarbeit aufbürden, da dieser solche Übergebote zulassen und notieren muss.

> ***Praxis-Tipp:***
>
> *Eine wichtige Warnung: Unbedingt vor dem Termin in Ruhe das absolute Limit festlegen und dann auch wirklich aufhören, wenn dieses Limit überschritten ist. Schon mancher hat im Eifer des Bietgeschäfts zu viel geboten und das später bereut.*
> *Ein Rücktritt von einem zugelassenen Gebot ist nicht mehr möglich.*

Wer für ein früheres Gebot mit Scheck oder Bürgschaft Sicherheit geleistet hat und jetzt weggehen will, kann um Rückgabe der Sicherheit bitten. Besser aber abwarten, wie der Termin zu Ende geht. Vielleicht wird das Grundstück nicht versteigert, und es kommt in einigen Wochen zur Wiederholung.

Die Bietezeit ist zu Ende

Es darf immer noch geboten werden, denn die Bietezeit ist nur die Mindestzeit. Der Rechtspfleger wird die Versteigerung schließen, sobald niemand mehr bietet. Wer weiter mitbieten will, soll jetzt zügig bieten. Entsteht eine Bietepause, wird der Rechtspfleger das letzte Gebot dreimal aufrufen und dabei auffordern, weitere Gebote abzugeben.

Anders als bei normalen Auktionen oder Versteigerungen durch Gerichtsvollzieher darf sogar noch nach dem dritten Aufruf geboten werden. Wer von dieser Möglichkeit ständig Gebrauch macht, das heißt den Rechtspfleger mehrfach dreimal aufrufen lässt und dann noch bietet, trägt nicht zu dessen Erheiterung bei und muss sich nicht wundern, wenn er später über die dienstliche Verpflichtung hinaus kein Entgegenkommen findet.

Hat das Gericht den „Schluss der Versteigerung" verkündet, wird kein weiteres Gebot mehr zugelassen.

6.4 Wer erhält den Zuschlag?

Schließlich wird über den Zuschlag verhandelt. Wer nicht Meistbietender geblieben ist oder auf die Rückgabe der Sicherheit warten muss, könnte jetzt gehen – aber bitte rasch und unauffällig, um die Verhandlung nicht zu stören. Besser wäre es, die wenigen Minuten noch im Saal zu bleiben.

Das Gericht entscheidet nun, ob das Grundstück zugeschlagen wird. Es gibt drei Möglichkeiten:

- Der Zuschlag wird nicht erteilt (versagt).
- Das Gericht bestimmt einen neuen Termin, in welchem es über die Erteilung des Zuschlags entscheiden will.
- Der Zuschlag wird sofort erteilt.

Wird der Zuschlag versagt, kann es vorkommen, dass die geleistete Sicherheit etwas mehr als zwei Wochen bis zur Rechtskraft der Entscheidung einbehalten wird. Theoretisch könnte der Meistbietende gegen die Versagung des Zuschlags einen Rechtsbehelf einlegen. Erfolg hätte er damit aber nur, wenn der Rechtspfleger bei der Entscheidung einen Fehler gemacht hätte, was nur sehr selten vorkommen dürfte. 6

6.5 Der Verkündungstermin

Bestimmt das Gericht einen Verkündungstermin, in welchem es über den Zuschlag entscheiden will, bleibt der Bieter an sein Gebot gebunden. Es gibt eine Reihe von Situationen, welche die Bestimmung eines solchen besonderen Termins notwendig oder ratsam machen. Dabei soll der Rechtspfleger die Entscheidung nicht länger als eine Woche aufschieben. Hiergegen ist nichts einzuwenden.

Lange ermöglichte eine Vertagung der Entscheidung den Banken die Ersteher mit der Drohung, die Versteigerung sonst scheitern zu lassen, zu einer über das Gebot hinausgehenden Zahlung zu nötigen.[14]

Dies hat der BGH[15] nun als unzulässig erklärt, den Zuschlag aufgehoben und das Verhalten des Rechtspflegers als „ermessensfehlerhaft" eingestuft.[16]

Sollten sich die Banken etwas einfallen lassen, um dieses Urteil zu umgehen, fragt sich, wie sich der Meistbietende verhalten sollte. Ist die Vertagung aus rechtlich beachtlichen Gründen notwendig,[17] wird der

---

14 Siehe dazu viele Vorauflagen dieses Buches!

15 BGH, Beschluss vom 31.05.2012 – V ZB 207/11, Rpfleger 2012, 640.

16 Das bedeutet: Anspruch auf Schadensersatz für den Bieter ist nicht ausgeschlossen.

17 Beispiele: Fehlende Zustimmung bei Erbbaurecht oder Wohnungseigentum; schwierige Entscheidungen nach §§ 74a, 85a ZVG; noch nicht gesichertes Gebot nach § 68 Abs. 4 ZVG.

Rechtspfleger dies von sich aus sagen und auch begründen. Beantragt aber die Bank die Vertagung, soll der Meistbietende immer – gleichgültig was die Bank für ihren Wunsch vorbringt –

- dem Bankvertreter noch vor Gericht erklären, dass er in keinem Fall eine Zahlung über das Gebot hinaus leisten werde,
- dem Gericht gegenüber ausdrücklich einer Vertagung widersprechen, auch wenn nur um eine Woche vertagt werden soll,
- darauf bestehen, dass der Widerspruch protokolliert wird.

Weigert sich der Rechtspfleger, den Widerspruch zu protokollieren, ist dies unter Umständen strafbar. Schadenersatzansprüche des Erstehers wegen einer grundlosen Vertagung nur auf Bankenwunsch sind nach Ansicht des Verfassers nicht ausgeschlossen, wenn der Widerspruch
6 protokolliert wurde. Ohne Widerspruch ist nichts mehr zu machen.

Wichtig: Wer sich aber „bewegen" lässt, eine außergerichtliche Zahlung an die Bank zu leisten, muss dies dem Finanzamt mitteilen (grunderwerbsteuerpflichtig!), sonst macht er sich der Steuerhinterziehung schuldig.

Andererseits bietet die Bestimmung eines Verkündungstermins dem Meistbietenden eine Chance, wenn eigentlich nicht er, sondern ein anderer Eigentümer oder Miteigentümer werden sollte und dieser im Termin weder anwesend war noch eine ausreichende Vollmacht erteilt hatte, zum Beispiel:

- Der Ehemann war allein im Termin; Eigentümer sollten aber er und die Ehefrau je zur Hälfte werden. Eine Vollmacht hatte er nicht.
- Der Vater war allein im Termin, Eigentümerin sollte aber die volljährige Tochter (Aussteuer) werden.

Bestimmt das Gericht einen Verkündungstermin (den Rechtspfleger darum bitten), kann der Fehler korrigiert werden. Hierzu muss der Meistbietende und der künftige Eigentümer bzw. Miteigentümer in den Verkündungstermin kommen und dort die entsprechenden Erklärungen abgeben.

Bitte beachten:

- Das Gericht muss dem Wunsch auf Bestimmung eines Verkündungstermins nicht nachkommen.

- Bestimmt es einen solchen Verkündungstermin, entstehen keine zusätzlichen Gerichtskosten.
- Der Meistbietende und der künftige Eigentümer haften gemeinsam für die Zahlung des Meistgebots!
- Der Vorgang erfordert doppelte Grunderwerbsteuer, falls nicht das Meistgebot unter der Freigrenze liegt oder die Verwandtschaft zwischen Meistbietendem und künftigem Eigentümer eine Befreiung bewirkt.

7.

Gratuliere, das Haus gehört Ihnen!

7.1 Die Rechtsverhältnisse

Mit dem Zuschlag geht das Eigentum sofort auf den Ersteigerer (= Ersteher) über. Hierzu ist weder irgendeine Beurkundung bei einem Notar, eine Eintragung im Grundbuch oder die Zahlung des Meistgebots erforderlich. Die sehr unangenehmen Konsequenzen, welche zu erwarten sind, wenn das Meistgebot später nicht bezahlt wird, sollen hier nicht erörtert werden.

Nach dem Zuschlag kann der Ersteher sofort in der Weise über das Grundstück verfügen, wie ein Eigentümer verfügen darf.

Verkaufen oder in Besitz nehmen

Er kann das Grundstück verkaufen. Genauer gesagt, er kann hierüber einen verbindlichen notariellen Kaufvertrag schließen, aber dem Käufer das Eigentum (Grundbucheintrag) erst nach dem Teilungstermin und der Zahlung des Meistgebots verschaffen.

Er kann das Grundstück in Besitz nehmen, wobei er jedoch keine Besitzrechte eines Dritten verletzen darf. Steht das Haus leer, ist es also vom bisherigen Eigentümer verlassen, darf es betreten und verschlossen werden. Unbedingt aber Zeugen mitnehmen! Wurde zum Beispiel eine Obstwiese versteigert, die nicht verpachtet ist, gehört die Ernte dem Ersteigerer.

Wichtig: Leider ist das eben erworbene Eigentum für eine Übergangszeit nur ein vorläufiges. Endgültig gesichert ist die Rechtsposition des Ersteigerers erst, wenn der Zuschlagsbeschluss rechtskräftig ist. Normalerweise wird dies ungefähr drei Wochen nach der Verkündung des Zuschlags der Fall sein.

Ärgerlich wird die Sache, wenn einer der Beteiligten gegen den Zuschlagsbeschluss einen Rechtsbehelf einlegt, da dann das übergeordnete Landgericht entscheiden muss. Das kann (muss nicht) lange dauern – und der Ersteigerer ist an sein Gebot gebunden.

Es kommt zwar nur selten vor, aber manchmal hebt das Landgericht den Zuschlagsbeschluss auf, weil der Rechtspfleger einen Fehler gemacht hat. Es ist daher ratsam, vor der Rechtskraft keine besonderen Aufwendungen für das Grundstück zu machen. Den Tag der Rechtskraft kann man ungefähr drei Wochen nach dem Zuschlag bei der Geschäftsstelle des Gerichts erfragen. Eine Mitteilung von Amts wegen erfolgt nicht.

Das Landgericht kann unter besonderen Voraussetzungen erlauben (zulassen), dass gegen seine eigene Entscheidung Beschwerde beim BGH erhoben wird (sogen. Rechtsbeschwerde). Macht einer der hierzu Berechtigten davon Gebrauch, dauert es leider mehrere Monate, wenn nicht gar ein Jahr oder länger, bis der Zuschlag rechtskräftig wird. Zum Glück kommt dies nur sehr selten vor.

Was geschieht mit dem Zubehör?

Wie bereits erwähnt, wurde das Zubehör mitversteigert, soweit im Zuschlagsbeschluss nichts anderes steht. Hat also der bisherige Eigentümer Zubehörstücke mitgenommen, kann ein Gerichtsvollzieher damit beauftragt werden, diese Zubehörstücke zurückzuschaffen, falls sie nicht freiwillig herausgegeben werden. Erforderlich ist eine Vollstreckungsklausel auf dem Zuschlagsbeschluss (bei der Geschäftsstelle beantragen; Muster siehe Kapitel 10.3) und ein Antrag an den Gerichtsvollzieher (Muster siehe Kapitel 10.4).

Zubehör sind zum Beispiel auch die Haustürschlüssel. Hat der bisherige Eigentümer das Haus geräumt und verlassen und die Schlüssel mitgenommen und gibt er sie auf höfliche Aufforderung nicht heraus, könnte der Gerichtsvollzieher losgeschickt werden. Billiger, schneller und sicherer wäre es aber, das Schloss durch einen Fachbetrieb öffnen und ändern zu lassen. Wohlbemerkt, diese Selbsthilfe ist nur rechtens, wenn das Haus wirklich verlassen ist. Dabei sollten zuverlässige Zeugen mitgenommen werden, um festzustellen, dass das Haus wirklich leer ist und ob der bisherige Eigentümer Zubehörstücke mitgenommen hat.

Der Ersteher hat auch das Eigentum an Zubehörstücken erworben, welche sich auf dem Grundstück befinden und dem früheren Eigentümer nicht gehören. Er kann zum Beispiel den Herausgabeanspruch eines Handwerkers ablehnen, auch wenn sich dieser auf Eigentumsvorbehalt beruft. Voraussetzung: Der Gegenstand ist wirklich wesentlicher

Bestandteil oder Zubehör, und im Zuschlagsbeschluss wurde er nicht von der Versteigerung ausgenommen.

> **Wichtig:** Zubehörstücke, die einem Mieter oder Pächter gehören, sind nicht mitversteigert. Das muss aber nicht eigens im Zuschlagsbeschluss stehen! Diese Stücke darf der Mieter/Pächter beim Auszug mitnehmen.

7.2 Der Übergang des Risikos

Bezüglich des mitversteigerten Zubehörs geht das Risiko einer Zerstörung oder Verschlechterung bereits mit dem Schluss der Versteigerung auf den späteren Ersteher über. Das bedeutet: Regelmäßig wird der Ersteher den Schaden tragen müssen, zumal eventuell Ersatzansprüche gegen den bisherigen Eigentümer kaum durchzusetzen sind. Kann er jedoch beweisen, dass die Zerstörung eines wirtschaftlich sehr bedeutenden Zubehörstücks (das für die Abgabe des Meistgebots eine entscheidende Rolle spielte) vor der Versteigerung erfolgte, kann er eventuell die Aufhebung des Zuschlagsbeschlusses durch einen Rechtsbehelf erreichen (siehe Kapitel 7.8). Beratung durch einen Anwalt ist in diesem Fall unverzichtbar.

Bezüglich der wesentlichen Bestandteile, insbesondere des Gebäudes, geht das Risiko erst mit dem Zuschlag über. Wird also das Gebäude nach der Versteigerung, aber vor der Verkündung (nicht der Rechtskraft) des Zuschlags zerstört oder wesentlich beschädigt oder werden sonstige wesentliche Bestandteile vernichtet (z. B. ein Wald oder ein Obstgrundstück abgeholzt), hat der Ersteigerer eine gute Chance, vom Meistgebot bzw. vom Zuschlag loszukommen. Auch in diesem Fall ist rechtliche Beratung unerlässlich.

Gibt es eine Brandversicherung?

Ist das Haus abgebrannt, stellt sich natürlich die Frage nach der Brandversicherung. Fast immer sind Gebäude brandversichert, auch wenn hierzu keine Versicherungspflicht besteht. Die Banken haben dafür gesorgt und notfalls auch die Prämien bezahlt. Ob im Einzelfall eine

Brandversicherung besteht, ergibt sich oft aus den Gerichtsakten; anderenfalls weiß es die Bank. Nunmehr gilt Folgendes:

- Ist das Haus vor dem Zuschlag abgebrannt, sollte die Versagung des Zuschlags beantragt werden.
- Ist das Haus nach dem Zuschlag abgebrannt, trägt der Ersteigerer das Risiko. Aber gemäß § 95 Versicherungsvertragsgesetz (VVG) ist auch die Versicherung auf ihn übergegangen. Selbst wenn der frühere Eigentümer gezündelt hatte, ist dies dem neuen Eigentümer nicht anzulasten. Und ein „gestörtes Versicherungsverhältnis" aufgrund nicht gezahlter Prämien wird wohl die Bank im eigenen Interesse verhindert haben. In diesem Fall erlangt dann der Ersteigerer die Versicherungsleistung. Selbst wenn es sich um eine Versicherung mit sogenannter Wiederaufbauklausel handeln sollte, reicht die Versicherungsleistung gewöhnlich aus, das Haus nach eigenen moderneren Vorstellungen neu aufzubauen.

> ***Praxis-Tipp:***
>
> *Ein Zuschlag gegen Ermäßigung des Steigpreises ist unter keinen Umständen möglich.*

Weiterführung der Brandversicherung?

Die Brandversicherung geht kraft Gesetzes auf den Ersteher als Versicherungsnehmer über. Da es keine Versicherungsmonopole mehr gibt, kann man das Haus bei jedem zugelassenen Versicherer gegen Feuer etc. versichern. Wer zu einer anderen Versicherung wechseln will, muss rasch handeln. Innerhalb eines Monats kann er den Versicherungsvertrag mit sofortiger Wirkung oder zum Ende der laufenden Versicherungsperiode kündigen (§§ 96 Abs. 2, 99 VVG). Im letztgenannten Fall wird wohl die Bank – wenn sie für den zahlungsunwilligen Schuldner die Prämie bezahlt hatte – anteilig Ersatz der Prämie vom Ersteher fordern. Falls auf dem Grundstück nach dem Zuschlag noch Grundpfandrechte verblieben sind oder neu eingetragen wurden, muss die Zustimmung dieser Gläubiger zur Kündigung besorgt werden.

Wichtig: Der Ersteher muss unverzüglich die Versicherung von seinem Erwerb verständigen (§ 97 VVG), da ihm sonst im Schadensfall Nachteile drohen! Wer die Versicherung nicht kündigen will, soll sofort (es läuft eine Monatsfrist) eine Kopie des Zuschlagsbeschlusses an die Versicherung absenden und zugleich mitteilen, von welchem Konto die Folgeprämie abgebucht werden soll.

7.3 Die Räumung

Zunächst muss festgestellt werden:

- Wurde als bestehen bleibendes Recht ein Wohnungsrecht oder Leibgeding übernommen, das dem Berechtigten den Verbleib in einer Wohnung erlaubt, besteht kein Anspruch auf Räumung. Das war dem Ersteher ja auch vorher bekannt.
- Wohnen Mieter im Haus, ist der Ersteher an den Mietvertrag gebunden. Da möglicherweise Eile geboten sein kann, sofort vom bisherigen Eigentümer oder vom Mieter die Vorlage des Mietvertrags verlangen, wenn er bisher nicht bekannt ist.

Die Kündigung des Mietvertrags ist nur nach den allgemeinen Vorschriften zulässig. Das Versteigerungsgericht kann hierbei dem Erwerber nicht weiterhelfen. Gegebenenfalls muss rechtliche Beratung herbeigeführt werden. Ein eventueller Streit mit dem Mieter über das Recht zur Kündigung wird nicht vom Versteigerungsgericht, sondern vom Prozessgericht entschieden. Leichter geht es aber, wenn

- der bisherige Eigentümer im Haus wohnt, auch zusammen mit seinen Familienangehörigen, oder
- Personen, deren bisheriges Wohnungsrecht durch den Zuschlag erloschen ist, im Haus wohnen.

Zu deren Räumung bedarf es weder einer Kündigung noch eines Räumungsprozesses. Am besten ist es, zunächst den Betroffenen schriftlich zur Räumung innerhalb einer vom Ersteher zu setzenden angemessenen Frist aufzufordern und gleichzeitig bis zum Auszug eine Nutzungsentschädigung (BGH, Urteil vom 05.10.2005 – VIII ZR 57/05) zu fordern (auf keinen Fall das Wort „Miete“ verwenden, Muster siehe Kapitel 10.2).

Erfolgt kein Auszug, muss zunächst bei der Geschäftsstelle eine Vollstreckungsklausel beantragt werden. Es ist vorteilhaft, hierbei alle volljährigen Personen im Haushalt des Betroffenen namentlich zu benennen. Der Antrag ist entweder mündlich zu Protokoll der Geschäftsstelle oder schriftlich zu stellen (siehe Muster Kapitel 10.3). Sodann kann man einen Gerichtsvollzieher mit der Räumung beauftragen (Muster siehe Kapitel 10.4).

Jetzt kann sich Folgendes ereignen:

- Der Betroffene zieht freiwillig aus. Das wäre ideal.
- Er beantragt beim Gericht Räumungsschutz. Die Gerichte sind allgemein nicht besonders großzügig; insbesondere, wenn keine Nutzungsentschädigung gezahlt wird. Der neue Eigentümer wird gehört und sollte dem Räumungsschutz widersprechen. Am besten mündlich bei der „Rechtsantragstelle" des Amtsgerichts. Bei Schwierigkeiten rechtliche Beratung herbeiführen. 7
- Es kommt zur Zwangsräumung. Auf Verlangen des Gerichtsvollziehers muss der Auftraggeber hierfür einen (recht hohen) Kostenvorschuss leisten. Es besteht ein Erstattungsanspruch gegen den Betroffenen, der allerdings meist an dessen mangelnder Solvenz scheitern wird. Oft genug ist es billiger und nervenschonender, dem Betroffenen einen Zuschuss zu den Räumungskosten und Verzicht auf die Nutzungsentschädigung zu versprechen, wenn er freiwillig auszieht.
- Durch Einführung des § 885a ZPO im Jahre 2013 ist das frühere Modell der „Berliner Räumung" nun gesetzlich verankert und modifiziert worden. Somit ist nun auch bei Räumung aus einem Zuschlagsbeschluss eine (auf § 885 Abs. 1 ZPO) **beschränkte Vollstreckung** möglich. Hiernach kann der Gläubiger seinen Vollstreckungsauftrag darauf beschränken, den Schuldner aus dem Besitz zu setzen und den Gläubiger (hier: Ersteher) in den Besitz einzuweisen – ohne die Behandlung der beweglichen Sachen. Zweck der Vorschrift ist es, dem Gläubiger bei nicht zahlungsfähigen Schuldnern einen kostengünstigeren Weg zur Verfügung zu stellen, der u. a. hohe Verwahrungskosten erspart.

- Die Gemeinde als Obdachlosenpolizei weist den Geräumten sofort wieder in die bisherigen Räume ein, da sie augenblicklich keine andere Unterbringung hat. Das kommt jedoch heute nur noch selten vor. Die Gemeinde muss jetzt für die rasche anderweitige Unterbringung sorgen und bis dahin eine Nutzungsentschädigung zahlen.

> ***Sonderfall:***
>
> *Hat der frühere Eigentümer – oder aber der Zwangsverwalter – einem Mieter gekündigt und die Kündigungsfrist ist abgelaufen (so dass der Mieter jetzt ohne Rechtsgrund besitzt), kann der Ersteher die Räumung gegen den Mieter gerichtlich durchsetzen. Liegt bereits ein Räumungsurteil vor, wird es nicht „umgeschrieben", sondern der Ersteher erhält vom Versteigerungsgericht eine Räumungsklausel auf dem Zuschlagsbeschluss gegen den Mieter.*

7.4 Die Bezahlung des Meistgebots

Zusammen mit dem Zuschlagsbeschluss oder nach dessen Rechtskraft bestimmt das Gericht den Teilungstermin, der etwa vier bis acht Wochen nach dem Zuschlag sein wird. Der Ersteher wird zu diesem Termin geladen. Jetzt muss er das bare Meistgebot bezahlen.

Zahlung des baren Meistgebots

Da das Gericht im Verteilungstermin kein Bargeld annehmen darf, muss der Ersteher sein Gebot auf ein Konto der Gerichtskasse überweisen (§ 49 Abs. 3 ZVG). Diese Überweisung muss so rechtzeitig erfolgen, dass im Verteilungstermin bereits eine Bestätigung der Gerichtskasse über den Geldeingang vorliegt. Bitte den Bankweg beachten! Verspätete Zahlung kann – auch wenn den Ersteher keine Schuld trifft – sehr teure Rechtsfolgen haben, da der Rechtspfleger den Ersteher dann als „Nichtzahler" behandeln kann. Nicht alle Rechtspfleger sind bereit (und müssen dies auch nicht), sich zum Beispiel mit dem Ersteher wegen des fehlenden Geldes telefonisch in Verbindung zu setzen. Die Bankverbindung der Gerichtskasse soll bereits im Versteigerungstermin erfragt werden. Für die Überweisung empfiehlt sich folgende Formulierung:

„Verwahrgeld (Meistgebot) AG Kaiserslautern 2 K 99/25 – Verteilungstermin 16. November 2026".

Die Verzinsung des baren Meistgebots

Der Ersteher muss vom Tag des Zuschlags (eingerechnet) bis zum Tag des Verteilungstermins (nicht eingerechnet) das Meistgebot mit 4 Prozent verzinsen. Es kommt somit für die Zinsberechnung nicht darauf an, wann er das Geld abgeschickt hat oder wann es beim Gericht eingegangen ist. Um Streit über geringfügige Differenzen zu vermeiden, sollte man den Rechtspfleger bitten, die Höhe der Zinsen zu berechnen und mitzuteilen.

Man kann sich von dieser Zinspflicht aber auch befreien. Hierzu ist allerdings eine Formalität erforderlich: Das Meistgebot muss bei der Hinterlegungsstelle des Amtsgerichts hinterlegt werden. Dazu ist es erforderlich – zumindest sachgemäß –, sofort nach dem Zuschlag zur Hinterlegungsstelle zu gehen, um dort den entsprechenden Antrag zu stellen. Sodann muss das Meistgebot nach den Vorgaben der Hinterlegungsstelle sofort überwiesen werden. Eine Kopie der Hinterlegungsanordnung sollte der Ersteher zu den Versteigerungsakten bringen, damit nichts übersehen wird. Theoretisch könnte man das Meistgebot auch bei einem anderen Amtsgericht hinterlegen; aber das ist nicht ratsam.

Diese Hinterlegung erfolgt „unter Verzicht auf das Recht der Rücknahme". Das ist für den Ersteher kein Risiko. Im Klartext heißt das nur, dass das Gericht über das Geld gesetzesgemäß verfügen darf – und es natürlich dem Ersteher zurückgibt, wenn der Zuschlag nicht rechtskräftig wird.

Da der Gesetzgeber leider bei der Neufassung diese Frage nicht geregelt hat, besteht Ungewissheit, wie zu verfahren ist, wenn der Bieter durch Übergabe eines Schecks (oder durch die nicht ratsame Voreinzahlung) Sicherheit geleistet hat. Manche Gerichte sind der Auffassung, die Scheckvaluta gelte ohne Weiteres als zinsbefreiend hinterlegt; andere dagegen verlangen zur Zinsbefreiung eine Erklärung über den Rücknahmeverzicht. Richtig dürfte die erstgenannte Auffassung sein, denn die geleistete Sicherheit kann nicht mehr zurückgenommen werden, weshalb ein formeller Rücknahmeverzicht eine sinnlose Formalie wäre. Bitte aber noch im Termin den Rechtspfleger fragen, wie dort verfahren wird!

Wurde mit einer Bankbürgschaft Sicherheit geleistet, sollte der Ersteher das Gericht um Rückgabe der Bürgschaftsurkunde bitten, sobald er das Geld hinterlegt hat. Diese sollte man dann sofort wieder zur ausstellenden Bank bringen. Eventuell erspart dies unnötige Bankgebühren.

Mit den bestehen bleibenden Rechten hat das Gericht nur insoweit etwas zu tun, als es eventuelle Zinsrückstände bis zum Tag vor dem Zuschlag aus dem Meistgebot bezahlt. Ab dem Zuschlagstag zahlt der Ersteher. Zur Löschung gegen Zahlung muss sich dieser mit dem Gläubiger (Bank) in Verbindung setzen.

7.5 Kosten, Steuern, Nebenleistungen

Zuschlagsgebühren

Seitens des Gerichts kommen noch zwei Kostenforderungen auf den Ersteigerer zu. Zunächst einmal zahlt er die Zuschlagsgebühr. Sie ist abhängig von der Höhe des Gebots, wobei die bestehen bleibenden Rechte mitgerechnet werden.

Beispiel:

Bares Meistgebot 100.000 Euro, bestehen bleibende Grundschuld 20.000 Euro. Das Gericht rechnet seine 0,5 Gebühr (Anl. 1 zu § 3 Abs. 2 GKG, KV 2214) aus einem Wert von 120.000 Euro. Die Gebühr beträgt dann gem. Anl. 2 zu § 34 Abs. 1 Satz 3 GKG 669 Euro.

Weitere Gebührenbeispiele:

Wert:	20.000 Euro	Gebühr:	202,50 Euro
Wert:	50.000 Euro	Gebühr:	319,00 Euro
Wert:	60.000 Euro	Gebühr:	389,00 Euro
Wert:	100.000 Euro	Gebühr:	599,00 Euro
Wert:	250.000 Euro	Gebühr:	1.229,00 Euro
Wert:	500.000 Euro	Gebühr:	2.069,00 Euro

Eintragungsgebühr

Das Grundbuchamt erhebt für den späteren Eintrag des neuen Eigentümers auch eine Eintragungsgebühr in Höhe einer vollen Gebühr (Anl. 1 zu § 3 Abs. 2 GNotKG), die sich nach dem gerichtlich festgesetzten Verkehrswert richtet, wenn dieser (wie üblich) höher ist als das Meistgebot inkl. bestehen bleibender Rechte (§§ 46, 47 GNotKG). Die Gebühr selbst ist niedriger.

Beispiel:

Der Verkehrswert gemäß § 74a ZVG betrug 150.000 Euro, das Meistgebot 120.000 Euro. Die Gebühr beträgt dann 354 Euro.

Weitere Gebührenbeispiele:

Wert:	20.000 Euro	Gebühr:	107 Euro
Wert:	50.000 Euro	Gebühr:	165 Euro
Wert:	60.000 Euro	Gebühr:	192 Euro
Wert:	100.000 Euro	Gebühr:	273 Euro
Wert:	250.000 Euro	Gebühr:	535 Euro
Wert:	500.000 Euro	Gebühr:	935 Euro

Da aber keine Notarkosten anfallen und diese seit 01.08.2013 erheblich erhöht wurden, ist der Erwerb in der Zwangsversteigerung eher billiger als ein Kauf. Diese Kosten werden – getrennt – von der Gerichtskasse angefordert.

Grunderwerbsteuer

Auch beim Erwerb in einer Zwangsversteigerung ist Grunderwerbsteuer geschuldet. Früher betrug diese Grunderwerbsteuer bundeseinheitlich 3,5 Prozent des Erwerbspreises, das heißt vom baren Meistgebot (ohne Zinsen) und den bestehen bleibenden Rechten. Sind Letztere nicht auf Geldzahlung gerichtet (z. B. Wohnungsrecht), kann die Wertfestsetzung des Finanzamtes von der des Gerichts abweichen.

Erwartungsgemäß haben die Länder die ihnen gewährte Befugnis, den Steuersatz selbst zu bestimmen, bereits weitgehend für Erhöhungen benutzt. Das Gefälle reicht von 3,5 bis 6,5 Prozent. Eine Zusammenstellung findet sich in Kapitel 10.9. Da die Erhöhungswelle immer noch nicht abgeschlossen ist, muss im Einzelfall geprüft werden, ob die dortigen Angaben noch zutreffen.

Freigrenzen nutzen

Grunderwerbsteuer fällt nicht an, wenn der Wert 2.500 Euro nicht übersteigt. Dabei handelt es sich jedoch um eine Freigrenze, nicht um einen Freibetrag. Das heißt, beträgt der Wert 2.500 Euro, wird keine Grunderwerbsteuer fällig; beträgt der Wert 2.500,01 Euro, wird bei einem Grunderwerbsteuersatz von 3,5 Prozent ein Betrag von 87,50 Euro fällig; bei einem Steuersatz von 6,5 Prozent sind das schon 162,50 Euro. Bieten mehrere Personen gemeinsam, kann jeder die Freigrenze nutzen. Eheleute, die als Miteigentümer je zur Hälfte bieten, können somit zusammen bis 5.000 Euro steuerfrei erwerben.

Wichtig: Werden Grundstücke einzeln versteigert (Einzelausgebot), zählt das Finanzamt die Werte zusammen, wenn die Grundstücke eine „wirtschaftliche Einheit" bilden. Ist das nicht der Fall, kann es – soweit das Gericht im Termin diese Wahl gelassen hat – steuerlich günstiger sein, geringwertige Grundstücke einzeln statt im Block (Gesamtausgebot) zu ersteigern.

Ist der Ersteigerer Ehegatte bzw. Abkömmling des bisherigen Eigentümers, kommt Steuerfreiheit in Betracht. Beim Finanzamt nachfragen! Diese Ermäßigung erhalten Lebenspartner ebenfalls.

> ***Praxis-Tipp:***
>
> *Wurde sehr wertvolles Zubehör (z. B. teure Einbauküche) mitersteigert, könnte man den Versuch machen, den anteiligen Wert steuerfrei zu stellen. Einfach ist dies nicht. Am besten mit dem Finanzamt reden.*

Die Steuer wird vom Finanzamt festgesetzt und eingezogen. Anträge auf Steuerfreiheit/Steuerermäßigung sind daher beim Finanzamt zu stellen, in dessen Bezirk das Grundstück liegt.

Erst nach Bezahlung der Grunderwerbsteuer darf das Gericht das Ergebnis der Zwangsversteigerung in das Grundbuch eintragen lassen.

Praxis-Tipp:

Wer für einen anderen mit Vollmacht bieten will und diese Vollmacht nicht sofort bei Abgabe des Gebots vorlegt, riskiert doppelte Grunderwerbsteuer!

Mehrwertsteuer (Umsatzsteuer) ist wegen § 4 Nr. 9a UStG nicht geschuldet, soweit das Gebot vollumfänglich der Grunderwerbsteuer unterliegt. Dies kann unter Kaufleuten in seltenen Fällen anders sein, wenn von ihr nicht erfasstes Zubehör mitversteigert wird. Aber auch dann ist das Meistgebot immer ein Nettobetrag[18] und der Ersteher müsste eine eventuelle Steuerschuld zusätzlich tragen.

Öffentliche Lasten

7

Ab dem Zuschlag trägt der Ersteher die öffentlichen Lasten.

Die Grundsteuer ist eine Jahresschuld, auch wenn sie üblicherweise in vier Raten, jeweils am 15. Februar/15. Mai/15. August/15. November fällig wird. Demnach haftet der alte Eigentümer der Gemeinde noch für die Grundsteuer des Jahres, in welchem der Zuschlag erteilt wurde. Da aber auch das Grundstück als solches für diese Steuer haftet (man spricht von der „dinglichen Haftung"), ergibt sich folgende Konsequenz: Die Gemeinde muss die Grundsteuer bis zum Tag vor dem Zuschlag beim Gericht anmelden und erhält diese dann aus dem Meistgebot ausgezahlt. Versäumt sie diese Anmeldung, kann sie nur Zahlung vom bisherigen Schuldner – aber nicht vom Ersteher – verlangen. Ab dem Tag des Zuschlags (eingeschlossen) muss „das Grundstück" die restliche Jahressteuerschuld zahlen. Der Ersteher muss demnach – obwohl er nicht persönlich haftet – diese „Schuld seines Grundstücks" begleichen, sonst kann die Gemeinde eine neue Versteigerung verlangen.

18 BGH, Urteil vom 03.04.2003 – IX ZR 93/02, Rpfleger 2003, 450.

Beispiel:

Jahressteuerschuld 360 Euro, wie üblich fällig in vier Raten zu 90 Euro. Zuschlag am 20. Juli. Die Gemeinde erhält aus dem Erlös (richtige und rechtzeitige Anmeldung vorausgesetzt) zwei Quartale zu 90 Euro + 19 Euro für Juli, somit 199 Euro. Den Rest muss der Ersteher für das Grundstück bezahlen.

Ab dem Jahr nach dem Zuschlag erfolgt die sogenannte Fortschreibung, und nun ist der Ersteher auch persönlicher Schuldner.

Andere öffentliche Lasten des Grundstücks, zum Beispiel Anliegerbeiträge, muss der Ersteher zahlen, wenn sie nach dem Zuschlag fällig werden, auch wenn die Maßnahme selbst bereits vor dem Zuschlag abgeschlossen, aber etwa noch nicht abgerechnet war. Kommen solche Aufwendungen in Betracht, ist eine Erkundigung vor dem Versteigerungstermin bei der Gemeinde sinnvoll.

Hatte der frühere Eigentümer Vorschüsse geleistet (oder hatte die Gemeinde solche Vorschüsse zum Versteigerungstermin angemeldet und aus dem Erlös erhalten), werden sie dem Ersteher gutgeschrieben. Er muss sie nicht erstatten (zum Bodenschutzvermerk siehe Kapitel 2.4).

Praxis-Tipp:

Eine persönliche Haftung des Erstehers für die Verbrauchsgebühren des Vorgängers (z. B. Gas, Wasser, Abwasser, Regenwasser, Müllabfuhr, Strom) besteht nicht. Bei Strom und Gas wird es kaum Probleme geben, wenn der Ersteher sofort die Zähler ablesen lässt (mit den Lieferanten absprechen). Die übrigen Verbrauchsgebühren werden zunehmend in den einzelnen Bundesländern als „öffentliche Last" ausgewiesen.[19] In diesem Fall muss die zuständige Kasse die vor dem Zuschlag fälligen Gebühren im Versteigerungstermin (rechtzeitig = vor der Aufforderung zur Abgabe von Geboten) anmelden und erhält sie aus dem Meistbargebot. Es kann aber das Problem entstehen, dass ein erst nach dem Zuschlag fälliger „Abschlag" auf dem Grundstück ruht, obwohl er einen Zeitraum vor dem Zuschlag abdeckt. Auch hier wäre ein Gespräch mit der zuständigen Kasse hilfreich.

19 Nach weit verbreiteter Ansicht verfassungsrechtlich bedenklich!

Werden Baumaßnahmen zulasten der Grundstückseigentümer erst nach dem Zuschlag abgerechnet und fällig gestellt, obwohl sie vor dem Zuschlag abgeschlossen waren, wird der Ersteher dafür haften. An sich sollte der Gutachter wissen, ob solche Arbeiten im Gange sind oder waren. Außerdem wäre eine Erkundigung bei der Gemeinde kurz vor dem Versteigerungstermin zur Sicherheit zweckmäßig.

Hat der bisherige Eigentümer (z. B. bei einem Neubau) die Anschlusskosten (bzw. den Baukostenzuschuss) an den Stromversorger noch nicht bezahlt, kann die Zahlung nicht vom Ersteher verlangt werden. Der Stromversorger ist vielmehr verpflichtet, unter Verwendung der bereits vorhandenen Anlage (nach Abschluss des üblichen Versorgungsvertrages) den Ersteher mit Strom zu beliefern.

Selbstverständlich besteht keine Haftung für private Steuerschulden (Einkommensteuer, Gewerbesteuer, Hundesteuer usw.).

7.6 Muss der Ersteher den Verteilungstermin wahrnehmen?

Hat der Ersteher das bare Meistgebot zuzüglich etwaiger Zinsen (genaue Höhe vorher beim Gericht erfragen!) überwiesen, ist er nicht verpflichtet, den Teilungstermin wahrzunehmen. Im Wesentlichen wird dort nur noch entschieden, wie das Geld verteilt wird – und das interessiert den Ersteher nur am Rande. Allerdings sollte er am Termintag telefonisch bei der Geschäftsstelle nachfragen, ob sich die Nachricht der Gerichtskasse über den Eingang des Geldes bei den Akten befindet.

Liegenbelassungsvereinbarung

Falls sich der Ersteher und die Bank, deren Recht erloschen ist und deren Forderung eigentlich aus dem Erlös zu bezahlen wäre, über einen Kredit geeinigt haben, wird die Bank den Vorschlag machen, eine sogenannte Liegenbelassungsvereinbarung zu treffen. Das bedeutet, das an sich durch den Zuschlag erloschene Grundpfandrecht wird nicht gelöscht, sondern als Kreditsicherung für die Bank gegenüber dem Ersteher aufrechterhalten.

Eine solche Vereinbarung kann im Teilungstermin mündlich vor dem Rechtspfleger erklärt werden. Hierdurch entstehen keine Kosten, und es werden die Gebühren des Notars und des Grundbuchamts für die Neubestellung des Grundpfandrechts gespart. Grundsätzlich ist hiergegen nichts einzuwenden. Der Ersteher muss jedoch darauf achten, dass ihm die Bank nicht auf diesem Umweg eine höhere Last aufbürdet, als er sonst zu tragen hätte. Diese Vereinbarung darf ihn nicht höher belasten als die Zahlung des baren Meistgebots an das Gericht.

Beispiel:

Der Ersteigerer hatte 180.000 Euro geboten. Die A-Bank hat an Kapital 90.000 Euro und 9 Prozent Zinsen zu bekommen. Das Recht ist durch den Zuschlag vom 1. Juni erloschen und wäre aus dem Erlös im Teilungstermin vom 1. August voll bezahlt worden.

7

Nun vereinbart der Ersteher mit der A-Bank einen Kredit über 90.000 Euro und das Grundpfandrecht soll zur Sicherheit dieses Kredits dienen.

Daraus ergibt sich folgende Rechnung:

- Ohne Vereinbarung hätte der Ersteher 180.000 Euro + Zinsen hieraus vom Zuschlag bis zum Verteilungstermin (60 Tage, 4 Prozent = 1.200 Euro) an das Gericht zahlen müssen.
- Mit Vereinbarung zahlt er an die Bank die 9 Prozent Zinsen vom Zuschlag bis zum Teilungstermin, das heißt 9 Prozent = 1.350 Euro. Weiter übernimmt er die 90.000 Euro als seine Schuld. Die Vereinbarung kostet ihn somit

Zinsen	1.350 Euro
übernommenes Kapital	90.000 Euro

	91.350 Euro

An das Gericht muss er insgesamt nur noch (180.000 + 1.200 abzüglich 91.350) = 89.850 Euro zahlen.

Da der Ersteher die sich ergebende Differenz nicht mehr im Teilungstermin bar bezahlen kann, ist der Abschluss dieser Vereinbarung schwieriger geworden. Falls mit der Bank eine Einigung zustande kommt, sollte man rechtzeitig vor dem Verteilungstermin den Rechtspfleger um Berechnung bitten, welchen Geldbetrag man noch vor dem Termin überweisen muss. Verlassen Sie sich nicht auf die Berechnung der Bank. Vielmehr sollte mit ihr die Berechnung des Rechtspflegers erörtert werden. Verzichten Sie auf die Vereinbarung und zahlen Sie das gesamte Meistgebot rechtzeitig ein, wenn die Bank gerne eine andere Regelung hätte.

Jetzt muss der Ersteher unbedingt den Verteilungstermin wahrnehmen und am besten vorher den Bankvertreter daran erinnern, dass dieser auch erscheint, um seitens der Bank die getroffene Vereinbarung im Termin abzuschließen. Kommt dieser nicht, hat der Ersteher ein Problem! Er gilt teilweise als Nichtzahler – mit ärgerlichen und teuren Konsequenzen.

Wichtig: So reibungslos funktioniert die Vereinbarung nur, wenn das Recht der Bank voll ausgeboten worden ist. Wäre die Bank mit einem Teil der 91.350 Euro bei der Erlösverteilung ausgefallen, kann der Ersteher beim Gericht nicht mehr in Abzug bringen, als die Bank ohne Vereinbarung erhalten hätte. Er kann daher ohne Schaden die Vereinbarung so nicht abschließen!

Zum Abschluss einer solchen Vereinbarung ist die Anwesenheit des Erstehers (wenn mehrere gemeinsam geboten haben: alle) und eines Bankvertreters im Termin erforderlich. Anderenfalls bedürfen die Erklärungen der öffentlichen Beglaubigung (wie bei der Vollmacht!).

Außergerichtliche Befriedigung

Als Laie sollte der Ersteher den Vorschlag der Bank zu einer außergerichtlichen Befriedigung ablehnen! Dadurch werden zwar zugunsten der Bank Gerichtskosten gespart. Das Risiko hat jedoch der Ersteher, der eventuell mehr zahlen muss als nötig.

7.7 Die endgültige Abwicklung

Wurde das bare Meistgebot im Verteilungstermin und die Grunderwerbsteuer an die Gemeinde bezahlt, ersucht das Vollstreckungsgericht das Grundbuchamt um Berichtigung des Grundbuchs durch Eintragung des Erstehers als neuen Eigentümer und Löschung aller Grundpfandrechte und der sonstigen Belastungen, die nach den Versteigerungsbedingungen nicht bestehen geblieben sind und auch nicht gemäß einer Liegenbelassungsvereinbarung übernommen wurden. Zugleich wird natürlich auch die Löschung des Zwangsversteigerungsvermerks beantragt.

Der Ersteher muss hierfür nichts unternehmen. Er erhält einige Zeit nach dem Verteilungstermin die Eintragungsnachricht und natürlich die Gebührenanforderung des Grundbuchamts. Diese Eintragungen haben nur die Bedeutung einer Berichtigung des Grundbuchs; denn Eigentümer ist der Ersteher ja schon mit dem Zuschlag geworden. Bis dahin konnte er sein Eigentum nur durch den Zuschlagsbeschluss nachweisen; nun kann er bei Bedarf eine Abschrift des Grundbuchblatts (Grundbuchauszug) erhalten. Die Gebühr[20] für eine einfache Abschrift beträgt 10 Euro, für eine beglaubigte Abschrift 20 Euro. Aber: Die einfache Abschrift genügt zum Nachweis!

7.8 Rechtsbehelfe

Was kann der Bieter bei Meinungsverschiedenheiten mit dem Gericht tun?

Zunächst einmal: Sowohl der Rechtspfleger als auch der Urkundsbeamte sind bei Ausübung ihrer dienstlichen Tätigkeiten (denn es ist ja gerichtliche Tätigkeit) nur an das Gesetz, nicht aber an Weisungen ihres Dienstvorgesetzten gebunden. Es hat demnach keinen Sinn, den Dienstvorgesetzten (Amtsgerichtsdirektor) mit Dienstaufsichtsbeschwerden anzusprechen. Das käme allenfalls in Betracht, um ungehöriges Benehmen oder unangemessene Verzögerungen zu beanstanden.

---

[20] Nr. 17 000 und 17 001 KV GNotKG.

Verweigerung der Akteneinsicht

Verweigert der Urkundsbeamte der Geschäftsstelle die Akteneinsicht oder aber besteht Streit über den Umfang dessen, was eingesehen werden darf, wende man sich an den zuständigen Rechtspfleger. Sieht er die Sache anders als der Urkundsbeamte, kann er diesen anweisen oder aber selbst die begehrte Einsicht gewähren. Ist er aber der gleichen Ansicht, spricht vieles dafür, dass diese Entscheidung rechtens ist. Zwar könnte man (bei Ablehnung kostenpflichtig) sich an das Landgericht wenden, jedoch ist dieser Weg wenig aussichtsreich.

Widerspruch

Weist der Rechtspfleger im Termin ein Gebot zurück, kann der Bieter sofort der Zurückweisung widersprechen. Gründe für die Zurückweisung können sein:

- Der Bieter hat sich nicht ausgewiesen.
- Die Sicherheit war nicht ausreichend.
- Die Vollmacht wurde beanstandet.
- Die noch jugendlich aussehende Ehefrau wurde als minderjährig eingeschätzt.

Das kostet nichts. Es gibt dem Rechtspfleger – falls das Gebot das Meistgebot bleibt – noch einmal die Gelegenheit, seinen Standpunkt zu überprüfen und eventuell zu korrigieren. Wird kein Widerspruch erhoben, kann der Rechtspfleger später auch einen erkannten Fehler nicht mehr berichtigen.

Wichtig: Auf diese Weise können nur Fehler beseitigt werden. Nachreichen einer Vollmacht oder einer fehlenden Sicherheit kann mit Widerspruch nicht erzwungen werden. Besser wäre es daher, die Bietzeit zur Behebung des Mangels zu benutzen.

Sofortige Beschwerde

Gegen die Erteilung des Zuschlags oder gegen die Versagung des Zuschlags kann der Bieter sofortige Beschwerde einlegen, wenn er die gerichtliche Entscheidung für falsch hält. Über diese sofortige Beschwerde entscheidet das Landgericht. Dessen Entscheidung ist kostenpflichtig.

Die sofortige Beschwerde muss innerhalb einer Frist von zwei Wochen eingelegt werden. Diese Frist beginnt bei der Versagung des Zuschlags bereits mit der mündlichen Verkündung des Beschlusses im Termin. Wird der Zuschlag erteilt, gibt es einen unterschiedlichen Fristbeginn für denjenigen, dem der Zuschlag erteilt wurde (und ihn so nicht haben will) und dem übergangenen Bieter, welcher gegen die Zurückweisung seines Gebots Widerspruch eingelegt hatte, weil er glaubt, dass ihm der Zuschlag gebühre. Belehrungen über den Fristbeginn sind vorgeschrieben.

Gegen die Entscheidung des Rechtspflegers im Verteilungstermin, soweit sie überhaupt den Bieter betrifft, ist ebenfalls sofortige Beschwerde möglich. Für Bieter wird dies nur selten in Betracht kommen, zum Beispiel wenn der Rechtspfleger die Zinsen falsch berechnet hat und dies auf Verlangen nicht berichtigt. Die Frist beginnt mit der Zustellung des Teilungsplans.

Die sofortige Beschwerde kann folgendermaßen eingelegt werden:

- privatschriftlich
- durch einen Anwalt
- mündlich, aber nicht telefonisch bei der Geschäftsstelle bzw. der Rechtsantragstelle des Amtsgerichts

Wegen des Kostenrisikos sollte man sich vor Einlegung unbedingt rechtlich beraten lassen.

Die Entscheidung des Landgerichts ist endgültig (rechtskräftig). Nur in ganz seltenen Fällen ist die Anrufung des BGH möglich.

> ***Praxis-Tipp:***
>
> *Erscheint die Kostenrechnung zu hoch, hat es keinen Sinn, die Gerichtskasse anzuschreiben. Vielmehr sollte zunächst mit dem Kostenbeamten beim Versteigerungsgericht bzw. beim Grundbuchamt gesprochen werden. Bleiben dann noch Zweifel, könnte Erinnerung gegen die Entscheidung des Kostenbeamten beim Rechtspfleger eingelegt werden.*

Entscheidungen des Finanzamts wegen Grunderwerbsteuer werden durch Einspruch angegriffen, der innerhalb eines Monats ab Zustellung des Bescheids beim Finanzamt eingegangen sein muss.

7.9 Nebenkostenabrechnung

An sich werden die Nebenkosten erst fällig, wenn der Vermieter dem Mieter eine den gesetzlichen Vorschriften entsprechende Abrechnung erteilt hat. Bei dieser Abrechnung werden die üblichen Abschläge und die tatsächlich angefallenen und vom Mieter zu tragenden Nebenkosten miteinander verrechnet und ein sich ergebender Fehlbetrag vom Mieter angefordert oder aber diesem ein Abrechnungsüberschuss ausgezahlt.

Für die Frage, wer diese Abrechnung vornehmen muss (bisheriger Eigentümer oder Ersteher), hat der BGH entschieden, dass es auf die Fälligkeit nicht ankomme. Ist am Tag des Zuschlags die (sich aus dem Mietvertrag ergebende) Abrechnungsperiode bereits abgelaufen, muss der bisherige Eigentümer abrechnen, auch wenn Zahlungen aus dieser Periode mangels Abrechnung noch nicht fällig sind. Die laufende Periode rechnet nach Ablauf der Ersteher ab, der dann aber unter Umständen dem Mieter Rückzahlungen für Abschläge leisten muss, die nicht er, sondern der Schuldner erhalten hat. Natürlich kann er die Aufwendungen des Schuldners in seine Abrechnung einfließen lassen. 7

Beispiel:

Laut Mietvertrag läuft der noch nicht abgerechnete Abrechnungszeitraum vom 01.07.2025 bis zum 30.06.2026. Der Zuschlag erfolgte am 29.10.2025. Der Ersteher muss erst nach dem 30.06.2026 den Zeitraum ab 01.07.2025 abrechnen, hierbei allerdings auch Abschläge, welche der Mieter für Juli bis Oktober an den Schuldner bezahlt hat, berücksichtigen.

8.

Wenn Sie besondere Objekte ersteigern

8.1 Das Erbbaurecht

Der wesentliche Unterschied gegenüber einem normalen Grundstückserwerb besteht darin, dass dem Erwerber das Grundstück nicht gehört. Vielmehr erwirbt er nur Eigentum an den „wesentlichen Bestandteilen“, das heißt dem Gebäude, den Bäumen usw.; außerdem die Befugnis, auf eine sehr lange Zeit dieses Eigentum auf dem fremden Grundstück zu behalten. Nach Ablauf der im Erbbauvertrag bestimmten Zeit muss er gegen Entschädigung sein Eigentum auf den Grundstückseigentümer zurückübertragen (Heimfall), wenn keine neue Vereinbarung zustande kommt.

Für die Versteigerung eines Erbbaurechts gelten grundsätzlich die gleichen Regeln wie bei der Versteigerung eines Grundstücks.

8

> ***Praxis-Tipp:***
>
> *Wer hier mitbieten will, muss bei der Vorsprache beim Gericht noch weitere Informationen einholen, nach Möglichkeit den Erbbauvertrag einsehen, der sich bei den Grundakten befindet (welche das Versteigerungsgericht beigezogen hat). Er gehört zu den Urkunden im Sinne des § 19 Abs. 2 ZVG, und es muss daher den Interessenten die Einsicht auch dann ermöglicht werden, wenn das Versteigerungsgericht statt einer Abschrift die Grundakten beigezogen hat. Einzelheiten, was erfragt bzw. festgestellt werden muss, ergeben sich aus der Checkliste in Kapitel 10.8.*

Der Erbbauzins

Diese Befugnis, auf einem fremden Grundstück ein Gebäude zu haben, ist kostenpflichtig. Das Entgelt bezeichnet man als **Erbbauzins**. Seine Höhe wird in der zweiten Abteilung des Grundbuchs eingetragen. Fast immer wurde auch eine sogenannte Gleitklausel eingetragen. Es handelt sich – grundbuchrechtlich gesehen – um eine Vormerkung, an der gleichen Rangstelle eine Erhöhung des Erbbauzinses einzutragen. Denn in den Erbbauverträgen ist fast immer bestimmt, dass sich der Erbbauzins analog zu den Lebenshaltungskosten erhöht. Alle diese Vereinbarungen treffen auch den Ersteher. Nur in sehr alten Erbbauverträgen fehlt eine solche Vereinbarung. In diesem Fall kann der Ausgeber die Erhöhung des Erbbauzinses verlangen, wenn sich die Lebenshaltungskosten zur Zeit der Bestellung bis jetzt erheblich (nach Rechtsprechung ungefähr 60 Prozent) erhöht haben.

Bei Erbbaurechten, die nach 01.10.1994 eingetragen wurden und auf welche seit 16.06.1998 die Vorschriften über die Reallast Anwendung finden (§ 1105 BGB), bedarf es keiner eigenen Vormerkung mehr. Die Regeln für die Anpassung des Erbbauzinses können bereits in der Bestellungsurkunde festgelegt sein und müssen sich nur aus dieser ergeben.

Der Ersteher haftet für den Erbbauzins ab Zuschlag. Der Ausgeber des Erbbaurechts muss die anteilige Rate seit letzter Fälligkeit bis zum Versteigerungstermin anmelden (genau: zwei Wochen länger), auch wenn der nächste Fälligkeitstermin später liegt. Diesen Betrag und ein eventuell vorhandener Rückstand wird dann aus dem Bargebot bezahlt, wenn dieses angesichts der Belastungslage reicht. Fällt der Ausgeber mit einem Betrag aus der Zeit vor dem Zuschlag aus, kann er keine Zahlung vom Ersteher verlangen.

Die Ausgeber des Erbbaurechts

Ausgeber des Erbbaurechts (Grundstückseigentümer) sind nur ganz selten Privatpersonen. Meist sind es Gemeinden, Kirchen, Verbände usw. Im Erbbauvertrag ist fast immer bestimmt, dass der Ausgeber dem Verkauf des Erbbaurechts zustimmen muss. Das gilt auch für den Erwerb in der Zwangsversteigerung. Diese Zustimmung muss der Ersteigerer beschaffen; sie wird somit nicht vom Gericht eingeholt. Das hat folgende Konsequenzen:

- Der Rechtspfleger muss im Versteigerungstermin den Zuschlag vertagen, damit der Meistbietende Gelegenheit hat, die Zustimmung zu beschaffen. Hierzu reicht eine Woche meist nicht aus. Vertagung von drei bis vier Wochen ist üblich und liegt auch im Interesse des Meistbietenden.
- Dieser muss sofort Verbindung mit dem Ausgeber aufnehmen, um die Zustimmung zum Zuschlag zu erhalten. Wird sie erteilt, die

Urkunde sofort zum Gericht bringen, falls der Ausgeber die Zustimmung nicht direkt dem Gericht zuleitet.

Korrekte Ausgeber werden innerhalb kurzer Zeit die Zustimmung erteilen können. Sie dürfen nur prüfen, ob der Ersteher nach seinen persönlichen und wirtschaftlichen Verhältnissen dem Grundstückseigentümer zumutbar ist. Ein freies Ermessen haben sie nicht. Gibt es Schwierigkeiten, sollte man beim Rechtspfleger eventuell um Vertagung des Verkündungstermins bitten.

Achtung bei Verweigerung der Zustimmung

Leider sind Ausgeber, weder Gemeinden noch Kirchen, nicht immer ganz korrekt, wenn es um ihr Geld geht. Sie versuchen dann, mit rechtswidriger Verweigerung der Zustimmung frühere Fehler zu korrigieren und verlangen ohne Rechtsgrund als Gegenleistung für die Zustimmung zum Beispiel:

- Eine Erhöhung des Erbbauzinses, welche nicht durch den Erbbauvertrag gedeckt ist.
- Die Zahlung rückständigen Erbbauzinses aus der Zeit vor dem Zuschlag durch den Ersteher.
- Den Eintrag einer bisher nicht vorhandenen Gleitklausel.
- Oder sogar die Wiedereintragung eines erloschenen Erbbauzinses.

All dies muss der Meistbietende nicht bewilligen. Seine Position ist jedoch recht schwach – und das wissen jene Ausgeber ganz genau!

Gemäß § 7 Erbbaurechtsgesetz kann die Zustimmung des Ausgebers durch Gerichtsbeschluss ersetzt werden, wenn sie ohne rechtlichen Grund verweigert wird. Ärgerlich ist dabei, dass der Meistbietende diesen Antrag nicht selbst stellen kann. Stellen könnte ihn die Bank, welche die Zwangsversteigerung betrieben hat – und jetzt auf den Zuschlag und auf ihr Geld wartet. Wenn also einem Meistbietenden mit vorgenannten Gründen die Zustimmung verweigert wird, sollte er zunächst mit der Bank sprechen, ob sie bereit ist, das gerichtliche Verfahren auf Ersetzung der Zustimmung einzuleiten. Geschieht dies, erteilen die Ausgeber in Kenntnis der Haltlosigkeit ihrer Forderungen meist sofort die Zustimmung. Ist die Bank aber nicht bereit, das Verfahren einzuleiten, hat der Meistbietende nur die Wahl, sich den unzulässigen Forderungen des Ausgebers zu beugen oder auf den Zuschlag zu „verzichten“. Entschließt er sich zum Verzicht mangels Zustimmung, sollte er dies alsbald dem Rechtspfleger mitteilen, der dann im Verkündungstermin den Zuschlag versagt.

Erbbaurecht ohne weiteren Zins

In sehr seltenen Fällen und nur bei alten Erbbaurechten, die noch nicht mit der seit 01.10.1994 gegebenen Möglichkeit des Bestandsschutzes eingetragen wurden, kann es vorkommen, dass in der Zwangsversteigerung ein erbbauzinsloses Erbbaurecht erworben werden kann, das heißt ein Erbbaurecht, das künftig keinen Zins mehr kostet. Den Fehler hat der Ausgeber bei der Zustimmung zur Beleihung gemacht, indem er Grundpfandrechten den Vorrang einräumte. Nun wird er „Himmel und Hölle“ in Bewegung setzen, diesen Fehler zu korrigieren. Manchmal kommt es zu einem Doppelausgebot, das heißt zum Ausgebot mit und ohne Erbbauzins. Interessenten können dann auf beide Ausgebote gleichzeitig bieten, wobei ohne Erbbauzins gewöhnlich etwas mehr geboten wird. Und wenn es um die Zustimmung zum Zuschlag auf ein Ausgebot ohne den Erbbauzins geht, wird der Ausgeber höchstwahrscheinlich durch Verweigerung versuchen, Druck auf den Meistbietenden auszuüben.

Wichtig: Ausnahmsweise kann sich diese Situation auch bei neuen Erbbaurechten ergeben, wenn die Versteigerung von einem Gläubiger betrieben wurde, der aus der Rangklasse 3 des § 10 ZVG vollstrecken darf oder es sich um eine besondere Insolvenzversteigerung handelt. Aber das weiß der Rechtspfleger!

8.2 Die Eigentumswohnung

Als Eigentumswohnung bezeichnet die Umgangssprache folgende schwierige rechtliche Konstruktion:

Der Erwerber wird Miteigentümer eines Grundstücks zu einem (größeren oder kleineren) Bruchteil und erhält zusätzlich Alleineigentum an einer ganz bestimmten Wohnung, meist noch an einem Abstellraum und einem Garagenplatz. Ist Letzterer nicht abgeteilt – was die Regel ist –, erfolgt die Zuordnung als Sondernutzungsrecht. Fachlich korrekt spricht man von Sondereigentum statt vom Wohnungseigentum. Diese Bruchteilsgemeinschaft, welche die Grundlage des Wohnungseigentums bildet, kann (von Sonderfällen abgesehen) nicht aufgelöst werden. Die Vorschriften, welche in Kapitel 9 erklärt sind, finden somit auf diese Gemeinschaft keine Anwendung.

Dagegen kann die Eigentumswohnung als solche versteigert werden. Hierfür gelten die allgemeinen Vorschriften sinngemäß. Das Gebäude kann auch auf einem Erbbaurecht stehen. Dadurch wird der Wohnungseigentümer nicht Miteigentümer des Grundstücks, sondern Mitberechtigter des Erbbaurechts.

Wer auf eine Eigentumswohnung bieten will – und das kommt immer häufiger vor –, braucht zusätzliche Informationen (siehe Checkliste in Kapitel 10.8).

Schwierig ist schon die Information, wenn das Gericht aus Bequemlichkeit unverständliche Formulierungen verwendet.

Beispiel:

555/1.000.000stel Miteigentum am Grundstück Fl. Nr. 999, verbunden mit dem Sondereigentum an der Wohnung Nr. 45 im 3. OG mit Abstellraum Nr. 77 und Sondernutzungsrecht am Garagenplatz Nr. 61 ...

Im Klartext heißt das: Der Ersteher wird Miteigentümer am Grundstück und den Gebäudeteilen, die im Gemeinschaftseigentum stehen, und zwar beträgt der Bruchteil 555 Millionstel (!) – was den Interessenten wenig interessieren wird. Dazu wird er Eigentümer der Wohnung Nr. 45 im 3. OG und des Abstellraumes. Der Garagenplatz bleibt im Gemeinschaftseigentum, steht jedoch dem Eigentümer der Wohnung Nr. 45 zur alleinigen Nutzung zu.

Praxis-Tipp:

Fehlen in der Anzeige wichtige Einzelheiten, zum Beispiel die Größe der Wohnung, bleibt nur die Einsicht in das Gutachten bei den Versteigerungsakten.

Nach Auffassung des BGH[21] führt eine schwerwiegende falsche Veröffentlichung der Wohnungsgröße zur Zuschlagsversagung. Dies sollte Grund genug sein, auch die nach § 40 Abs. 2 ZVG zulässigen, aber nicht verpflichtenden Veröffentlichungen mit Sorgfalt zu formulieren, was auch zunehmend geschieht.

Die Teilungserklärung

Zu jeder Eigentumswohnung gibt es eine Teilungserklärung, in welcher die Rechte und Pflichten der einzelnen Eigentümer festgelegt sind. Sie befindet sich manchmal bei den Gerichtsakten, jedenfalls aber beim Grundbuchamt. Vielleicht erhält man gegen Kopierkosten beim Verwalter eine Abschrift. Genau durchlesen sollte man sie in jedem Fall!

Der Verwalter

Wohnungseigentum hat einen Verwalter (bitte nicht mit dem Hausmeister verwechseln), gewöhnlich eine Firma. Hat sie ihren Sitz am gleichen Ort, kann man dort eventuell Informationen erhalten, vielleicht auch die Teilungserklärung. Die Verwalterfirma ist an einem guten Einvernehmen mit dem künftigen Eigentümer interessiert und wird daher wohl Fragen beantworten. Wer Verwalter ist, weiß das Gericht oder auch der Hausmeister.

Die Kosten für die Verwaltung und Erhaltung des Gebäudes werden auf die Eigentümer nach einem in der Teilungserklärung festgelegten Schlüssel umgelegt. Diese Abgabe, Wohngeld oder besser Hausgeld genannt, ist meist monatlich fällig und kann recht erheblich sein. Die Höhe muss unbedingt erfragt werden.

Wichtig: Besonders bei größeren Wohnanlagen kann man versuchen, mit dem Eigentümer einer anderen Wohnung Kontakt aufzunehmen, um sich über die Verhältnisse in der Wohnanlage zu informieren. Steht die Wohnung leer, ist manchmal der Hausmeister gegen Trinkgeld bereit, die Innenbesichtigung zu ermöglichen.

---

[21] BGH, Beschluss vom 30.09.2010 – V ZB 160/09; Rpfleger 2011, 173.

Manchmal – seltener als beim Erbbaurecht – ist vereinbart, dass der Zuschlag der Zustimmung des Verwalters oder sogar der Eigentümergemeinschaft bedarf. Das ist im Grundbuch eingetragen. Die Wohnungseigentümer können (§ 12 Abs. 4 WEG) eine solche Beschränkung für die Zukunft aufheben und im Grundbuch löschen lassen.

Besteht sie aber weiter und wird dem Meistbietenden die somit erforderliche Zustimmung der Gemeinschaft der Wohnungseigentümer, des Verwalters oder eines Dritten nicht erteilt, entfällt das bisher ähnlich – siehe Kapitel 8.1 – geregelte Verfahren, und der Meistbietende muss gegen den Verwalter bzw. gegen die Gemeinschaft der Wohnungseigentümer beim Prozessgericht am Ort des Objekts (§ 43 WEG) klagen. Das ist nicht nur umständlich, sondern auch teuer – aber ggf. auch für den Verweigerer. Deshalb ist damit zu rechnen, dass solche Verweigerungen künftig nicht mehr willkürlich erfolgen, sondern nur noch auf begründete Ausnahmen beschränkt bleiben.

Haftung für Rückstände

Die Rechtsprechung des BGH hat diese früher streitige Frage geklärt: Üblicherweise beschließt die Eigentümergemeinschaft im Voraus einen Wirtschaftsplan, in welchem sie die zu erwartenden Ausgaben des folgenden Jahres und die darauf zu zahlenden Abschläge der Eigentümer (Hausgeld) festlegt. Nach Ablauf des Rechnungsjahres wird die Jahresrechnung beschlossen, in welcher die tatsächlichen Einnahmen und Ausgaben festgehalten und die Abrechnungen mit den einzelnen Eigentümern vorgenommen werden. Nach Auffassung des BGH beruht die im Wirtschaftsplan festgehaltene Zahlung nur auf diesem Plan, nicht auf der Jahresrechnung, die dessen Festlegung nur „verstärkt“. Eventuelle Abrechnungsspitzen dagegen beruhen auf dem Beschluss über die Jahresrechnung. Für den Ersteher bedeutet das:

- Rückständige Hausgeldraten aus der Zeit vor dem Zuschlag muss er nicht bezahlen. Sie können ihm auch nicht durch Mehrheitsbeschluss separat auferlegt werden.
- Abrechnungsspitzen und überhaupt Sonderleistungen muss er zahlen, wenn die Entscheidung über die Jahresrechnung bzw. über die Sonderleistung nach dem Zuschlag beschlossen wird, auch wenn der

Betrag zur Deckung von Aufwendungen erforderlich wird, die vor dem Zuschlag angefallen sind.

Beispiel:

Der bisherige Eigentümer (Schuldner) hat das im Wirtschaftsplan vom 15.12.2023 für 2024 beschlossene, jeweils am 1. eines Monats fällige Hausgeld in Höhe von 100 Euro nicht bezahlt. Der Zuschlag wird am 15.11.2024 verkündet. In der Jahresrechnung, beschlossen am 20.03.2025, wird festgestellt, dass der Abschlag (Hausgeld) nicht ausreichte, weshalb jeder Eigentümer für 2024 eine Nachzahlung von 25 Euro (Abrechnungsspitze) leisten muss. Außerdem ist jetzt erst eine Reparaturrechnung aus dem Jahr 2022 über 500 Euro fällig geworden, was eine Umlage von 50 Euro pro Eigentümer erfordert – die jetzt ebenfalls beschlossen wird.

- Der Ersteher zahlt für 2024 nur einmalig 100 Euro für Dezember 2024. Die 1.100 Euro für Januar bis November muss er nicht zahlen.
- Zahlen muss er die 25 Euro und die 50 Euro aus dem Beschluss über die Jahresrechnung. Diese Beträge kann die Eigentümergemeinschaft vom früheren Eigentümer nicht mehr – auch nicht anteilig – fordern.

Verlangt aber die Eigentümergemeinschaft die vorgenannten 1.100 Euro vom Ersteher, muss dieser zunächst in der Sitzung widersprechen und sodann gegen den Beschluss klagen. Auf die Entscheidung des BGH zum früheren Recht, wonach ein solcher Beschluss ignoriert werden könnte, sollte man sich keineswegs mehr verlassen.

Der Anspruch der Wohnungseigentümergemeinschaft auf Zahlung des laufenden Hausgelds hat in gewissen zeitlichen Grenzen einen Anspruch auf vorzugsweise Befriedigung in einer Zwangsversteigerung, so dass praktisch immer eine Bezahlung aus dem Versteigerungserlös erfolgen kann. Das erfordert aber eine qualifizierte Anmeldung (§§ 10 Abs. 1 Nr. 2, 45 Abs. 3 ZVG). Ohne richtige Anmeldung geht der Anspruch verloren. Professionelle WEG-Verwalter müssen das wissen.

Die Forderung der Wohnungseigentümergemeinschaft in obigem Beispiel für die Zeit von Januar bis November 2024 wäre so befriedigt worden. Hat der Verwalter die Anmeldung versäumt, haftet er der Wohnungseigentümergemeinschaft, die ansonsten nur noch vom früheren Schuldner Zahlung fordern könnte. Nach hiesiger Ansicht ist es nicht mehr zulässig, den so verursachten Verlust nach dem Zuschlag auf alle (auch auf den Ersteher) umzulegen, wie dies nach altem Recht üblich war.

Die Instandsetzungsrücklage

Die Instandsetzungsrücklage hat der Ersteher nur bedingt erworben. Einerseits hat der bisherige Eigentümer keinen Anspruch auf die anteilige Auszahlung gegen die Gemeinschaft. Verwendet diese jedoch bereits vom bisherigen Eigentümer geleistete Beiträge auf die Rücklage zur Zahlung von Aufwendungen, welche eigentlich den Ersteher treffen würden, weil sie erst nach dem Zuschlag beschlossen wurden, kann ein Anspruch des bisherigen Eigentümers gegen den Ersteher entstanden sein. Mit dem Zwangsversteigerungsverfahren hat dies aber nichts zu tun. Der bisherige Eigentümer muss seinen Anspruch durch Prozess verfolgen.

Risiko bei nachträglich umgewandeltem Wohnungseigentum

Manchmal wird ein bereits bestehendes Haus nachträglich in Wohnungseigentum umgewandelt. Hier droht für den Ersteher ein besonderes Risiko, wenn die zu versteigernde Wohnung vermietet ist und der Mieter bereits in dieser Wohnung gewohnt hat, als die Umwandlung in Wohnungseigentum erfolgte. In diesem Fall muss Folgendes beachtet werden:

- Der Mieter hat ein Vorkaufsrecht (§ 577 BGB), kann somit vom Ersteher die Übertragung der ersteigerten Eigentumswohnung verlangen. Das gilt aber wegen § 471 BGB nur, wenn es sich um eine Teilungsversteigerung gehandelt hat, nicht aber beim Erwerb in einer Vollstreckungsversteigerung.
- Der Ersteher kann dem Mieter drei Jahre lang (ab Zuschlag) nicht kündigen, wenn er seine Kündigung auf Eigenbedarf oder auf „Verhinderung angemessener Verwertung“ (§ 573 Abs. 2 Nr. 3 BGB) stützen will – und die Länder können diese Frist sogar bis auf zehn Jahre verlängern (§ 577a Abs. 2 BGB).

Wer eine vermietete Eigentumswohnung ersteigern will (ganz besonders in einem Altbau), soll überprüfen, ob der Mieter dort bereits wohnte, als die Umwandlung in Wohnungseigentum erfolgte. An sich sollte das aktenkundig sein. Anderenfalls weiß es der Verwalter der Eigentumswohnung.

8.3 Der Grundstücksbruchteil

In diesem Abschnitt geht es nur um den Erwerb eines Bruchteils in einer normalen **Vollstreckungsversteigerung**. Wer als Beteiligter in eine Teilungsversteigerung verwickelt wird, findet die entsprechenden Hinweise in Kapitel 9.

Es kann vorkommen, dass nicht das ganze Grundstück, sondern nur ein Miteigentumteil zur Versteigerung steht. Sind zum Beispiel Eheleute als Miteigentümer je zur Hälfte eingetragen und nur der Ehemann hat Schulden, können seine Gläubiger die Zwangsversteigerung (nur) seines Hälfteanteils am Grundstück beantragen.

Wer hier mitbietet und den Zuschlag erhält, wird dann zusammen mit der Ehefrau des Schuldners Eigentümer des Grundstücks. Eine Teilung in Natur kann er nicht verlangen. Über die Verwaltung des Grundstücks müssten sich beide einigen. Räumungsansprüche werden sich hieraus kaum herleiten lassen.

Der Erwerb eines solchen Bruchteils ist normalerweise ohne wirtschaftlichen Sinn. Allerdings könnte man folgende Überlegung anstellen:

- Der Bruchteil wird wahrscheinlich mangels Interessenten weit unter dem Verkehrswert zu haben sein.
- Ist dies gelungen, so hat der Ersteher die Möglichkeit, im Wege der Teilungsversteigerung das ganze Grundstück versteigern zu lassen (vgl. dazu Kapitel 9).

In diesem zweiten Versteigerungsverfahren gibt es zwei Möglichkeiten: Entweder kann das ganze Grundstück zu niedrigem Betrag erworben werden oder ein Dritter ersteigert das ganze Grundstück zu einem hohen Preis, und das bedeutet einen finanziellen Gewinn.

Beispiel:

Das ganze Grundstück hat einen Verkehrswert von 200.000 Euro. Der Verkehrswert für den Hälfteanteil in der ersten Versteigerung beträgt 100.000 Euro, wobei manche Gerichte – vernünftigerweise – den Verkehrswert für den Hälfteanteil niedriger ansetzen, da solche Hälfteanteile kaum einen Markt haben.

Nun gelingt es einem Bieter, den Hälfteanteil für 50.000 Euro zu ersteigern.

Er beantragt sofort die Teilungsversteigerung. Dort kann er das ganze Grundstück vielleicht für 180.000 Euro erwerben, muss somit nur noch 90.000 Euro dazulegen und hat das Objekt für 140.000 Euro (plus Kosten, die durchaus ungefähr 5.000 Euro betragen können) erworben. Oder aber, in der Teilungsversteigerung bietet ein Dritter 220.000 Euro und der Eigentümer des Hälfteanteils kassiert 110.000 Euro, was abzüglich der Kosten immer noch ein beachtlicher Gewinn ist. Es versteht sich von selbst, dass sich dies nur für Spekulanten mit guten Nerven und finanzieller Rücklage empfiehlt.

8.4 Gebäudeeigentum in den neuen Bundesländern

Das Zivilgesetzbuch der ehemaligen DDR sah verschiedene Möglichkeiten vor, Eigentum an einem Gebäude unabhängig vom Eigentum am Grundstück zu erwerben. Es entsprach der damaligen Denkweise, Privateigentum am Grundbesitz als weniger achtenswert anzusehen als Privateigentum an Wohngebäuden. Die hierbei geschaffenen Regelungen lassen sich mit den Grundsätzen des Sachenrechtes in unserem BGB dogmatisch nicht vereinbaren. Solches Gebäudeeigentum kann daher nicht mehr neu begründet werden. Allerdings harren noch zahlreiche Altfälle der Abwicklung. Auch das 1994 in Kraft getretene Sachenrechtsbereinigungsgesetz hat keine endgültige Klarheit geschaffen.

Wegen der Schwierigkeit, die alten Vorschriften mit dem jetzt geltenden Rechtssystem zu vereinbaren, sind unübersichtliche Regelungen entstanden, deren Darstellung den Rahmen dieses Buches sprengen würde.

Grundsätzlich gilt, dass noch vorhandenes Gebäudeeigentum wie ein Grundstück versteigert werden kann, wobei der Ersteher kein Eigentum am Grundstück erwirbt. Hat er so das Gebäudeeigentum erworben, kann hiermit ein Anspruch auf Kauf des Grundstücks erworben sein, auf welchem das Gebäude steht.

> ***Praxis-Tipp:***
>
> *Wer die Absicht hat, ein solches Gebäudeeigentum zu ersteigern, muss sich unbedingt vorher über die Voraussetzungen und Folgen rechtlich eingehend beraten lassen.*

Zur Bereinigung des Nutzungsrechts siehe auch Kapitel 2.

9.

Zwangsversteigerung zur Aufhebung einer Gemeinschaft

9.1 Welche Gemeinschaften gibt es?

Grundstücke haben häufig mehrere Eigentümer, welchen das Grundstück gemeinsam gehört. Auch als Berechtigte eines Erbbaurechts können mehrere Personen eingetragen sein (z. B. Eheleute je zur Hälfte), und auch Eigentumswohnungen können so mehrere Eigentümer haben. Bitte nicht verwechseln. Das Bruchteilseigentum am Grundstück, auf welchem das Eigentum an der Wohnung beruht, ist hier nicht angesprochen; diese Bruchteilsgemeinschaft ist kraft Gesetzes im Normalfall unauflösbar. Jedoch können im Grundbuch des Wohnungseigentums auch mehrere Personen als Eigentümer eingetragen sein. Dann sind die nachfolgenden Überlegungen anwendbar.

Die Bruchteilsgemeinschaft

Es ist wichtig zu wissen, dass das Eigentum mehrerer Personen an einem Grundstück nicht einheitlich geregelt ist, sondern zwei Arten von Gemeinschaften zu unterscheiden sind:

Wird das Eigentum durch Kaufvertrag oder auch durch Zwangsversteigerung erworben, handelt es sich fast immer um eine **Bruchteilsgemeinschaft**. Sie ist im Grundbuch leicht daran zu erkennen, dass beim Namen des Eigentümers der Bruchteil ausdrücklich angegeben ist, zum Beispiel:

9

- Eheleute Fritz Müller und Klara geb. Schön ... als Miteigentümer je zur Hälfte.

oder:

- Franz Lustig ... als Eigentümer zur Hälfte; Klara Lustig ... als Eigentümerin zu einem Viertel, Hans Fröhlich ... als Eigentümer zu einem Viertel.

Das Wesen einer Bruchteilsgemeinschaft besteht darin, dass jeder Bruchteil selbstständig verkehrsfähig ist. Das bedeutet: Jeder kann grundsätzlich seinen Bruchteil verkaufen. Die anderen Eigentümer müssen nicht mitwirken (bei Eheleuten im gesetzlichen Güterstand kann dies ausgeschlossen sein; siehe hierzu Kapitel 9.2). Aber auch ein Gläubiger, der nur gegen einen der Miteigentümer einen vollstreckbaren Anspruch hat, kann – wenn er will – dessen Grundstücksbruchteil separat zur Versteigerung bringen (siehe Kapitel 8.3).

Die Gesamthandsgemeinschaft

Die andere mögliche Gemeinschaftsform ist die sogenannte **Gesamthandsgemeinschaft**. Sie kann nicht erst beim Kauf oder Erwerb in der Zwangsversteigerung begründet werden, sondern muss bereits vorher bestehen. Im Grundbuch erkennt man sie daran, dass keine Bruchteile eingetragen sind, obwohl die Gemeinschaft als solche durchaus Bruchteile kennt. Statt der Bruchteile ist dann der Name der Gemeinschaft eingetragen, zum Beispiel: Hans und Fritz Müller in Erbengemeinschaft.

In dieser Gemeinschaftsform kommen im Wesentlichen nur drei Gemeinschaften vor:

- hauptsächlich die Erbengemeinschaft
- seltener die Gesellschaft bürgerlichen Rechts (GbR) bzw. eingetragene Gesellschaft bürgerlichen Rechts (eGbR)
- noch seltener die Gütergemeinschaft

Wie eine Erbengemeinschaft entsteht, ist bekannt. Ein Verstorbener (Erblasser) hat mehrere Personen zu Erben eingesetzt. Wer nur ein Vermächtnis erhält, kommt nicht in die Erbengemeinschaft; ebenso nicht Personen, die nur einen Pflichtteil erhalten. 9

Eine Gütergemeinschaft entsteht, wenn Eheleute beim Notar einen Gütervertrag schließen und diese Gütergemeinschaft vereinbaren (früher: allgemeine Gütergemeinschaft).

Für den Partnerschaftsvertrag ist die entsprechende Anwendung der für die Gütergemeinschaft geltenden Vorschriften nicht ausdrücklich bestimmt, könnte aber vereinbart werden (§ 7 LPartG).

Für die eingetragene **BGB-Gesellschaft** spielt die sogenannte Teilungsversteigerung seit dem 01.01.2024 **keine Rolle mehr**. Nach dem Inkrafttreten des Gesetzes zur Modernisierung des Personengesellschaftsrechts ist die Rechtsgrundlage des § 753 Abs. 1 BGB für die Anordnung einer Teilungsversteigerung eines Grundstücks entfallen. Anstelle der Auseinandersetzung der GbR ist gem. § 735 Abs. 1 BGB die

Liquidation getreten, sofern die Gesellschafter nicht eine andere Art der Abwicklung vereinbart haben.

Nur der Vollständigkeit halber wird in diesem Zusammenhang auf einen Beschluss des BGH vom 20.03.2025 – V ZB 32/24)[22] verwiesen, welcher für die Übergangszeit folgende Regelung vorsah: Eine vor dem 31.12.2023 eingeleitete Teilungsversteigerung einer GbR konnte weiter durchgeführt werden.

Deshalb sind Ausführungen in früheren Auflagen nicht mehr zutreffend. Das Wesen der **Gesamthandsgemeinschaft** besteht darin, dass niemand seinen Anteil am gemeinsamen Grundstück verkaufen kann, sondern – soweit dies nicht unzulässig ist – nur seinen Anteil an der Gemeinschaft als solcher.

Beispiel:

Zum Nachlass gehören ein Grundstück, ein Auto, eine Wohnungseinrichtung und ein Sparkonto. Hans, Klaus und Irene sind Erben zu je einem Drittel.

9 Hans kann nun nicht allein (nur) seinen Anteil am Grundstück verkaufen, wohl aber seinen Anteil an der ganzen Erbschaft (hierfür ist eine Urkunde beim Notar erforderlich!). Andererseits kann ein Gläubiger, der nur gegen Hans eine vollstreckbare Forderung hat, dessen Anteil am Grundstück nicht zur Versteigerung bringen.

Anteile am Grundstück, das im Eigentum einer Gesamthandsgemeinschaft steht, können somit **nicht versteigert** werden!

9.2 Das Risiko der einseitigen Aufhebungsmöglichkeit

Grundsätzlich trägt jede Gemeinschaft das Risiko in sich, dass eines der Mitglieder der Gemeinschaft ohne – ja sogar gegen – den Willen des/der anderen Mitglieder die Auflösung der Gemeinschaft verlangen kann. Diese Auflösung erfolgt bei Grundstücken (Erbbaurechten, Eigentums-

22 Beispielsweise auffindbar in der Entscheidungsdatenbank des Bundesgerichtshofs: www.bundesgerichtshof.de

wohnungen) über die Zwangsversteigerung. Von diesem Grundsatz gibt es natürlich Ausnahmen, von denen einige hier aufgezählt werden.

Der Erblasser kann im Testament bestimmt haben, dass die Aufhebung der Gemeinschaft auf eine bestimmte Zeit (höchstens 30 Jahre ab Todesfall) ausgeschlossen sein soll (§ 2044 BGB). Aber auch dann kann ein Gläubiger oder – aus wichtigem Grund – ein Mitglied der Gemeinschaft die Aufhebung verlangen. Ist der Ausschluss im Grundbuch eingetragen, wird er vom Rechtspfleger von Amts wegen beachtet. Erfolgte kein Eintrag, müssen die Miterben gegen denjenigen klagen, der die Aufhebung verlangt.

Solange das Grundstück unter Testamentsvollstreckung steht, können die Erben ohne den Testamentsvollstrecker keine Aufhebung der Erbengemeinschaft verlangen. Das muss im Grundbuch eingetragen sein.

Eheleute (die also noch nicht geschieden sind, aber z. B. getrennt leben), die im gesetzlichen Güterstand leben, können die Aufhebung der Bruchteilsgemeinschaft nur verlangen, wenn der Grundstücksbruchteil nicht das einzige (wesentliche) Vermögen des Antragstellers ist (§ 1365 BGB).

Aber: Ein Gläubiger, der (nur) gegen einen der beiden Ehegatten einen vollstreckbaren Anspruch hat, ist an dieses Verbot nicht gebunden. Mit Genehmigung des Familiengerichts (die nur aus wichtigem Grund erteilt werden darf) kann der Antrag auch von einem der Ehegatten gestellt werden. Nach Rechtskraft der Scheidung ist der Schutz entfallen.

Da Lebenspartner ebenfalls im Güterstand der Zugewinngemeinschaft leben (§ 6 LPartG), ist § 1365 BGB auch für sie anwendbar.

Die Aufhebung einer Gütergemeinschaft kann, solange die Ehe besteht, weder einseitig verlangt noch von einem Gläubiger erzwungen werden.

Aber: Hat der Gläubiger nur einen vollstreckbaren Anspruch gegen einen der beiden Eheleute, kann er dennoch die Versteigerung des ganzen

Grundstücks erzwingen, wenn dieser Ehegatte die Gütergemeinschaft allein verwaltet oder ein Erwerbsgeschäft betreibt.

Worin besteht das Risiko?

Wer mit einem (oder mehreren) anderen in Gemeinschaft Grundbesitz hat, muss grundsätzlich jederzeit damit rechnen, dass der andere die Zwangsversteigerung beantragt, und dass er – falls keine Ausnahme vorliegt – diese Zwangsversteigerung allenfalls verzögern (siehe dazu Kapitel 9.5), aber nicht auf Dauer verhindern kann. Dieses außerordentlich wichtige und gefährliche Risiko trifft besonders Eheleute und Lebenspartner, die keine Abkömmlinge (Kinder, Enkel usw.) haben. Hier ist nämlich der Irrtum weit verbreitet, dass im Todesfall der Überlebende kraft Gesetzes Alleinerbe sei. Das ist aber nicht der Fall. Vielmehr erben die Geschwister (ersatzweise deren Kinder) des Verstorbenen mit, das heißt gerade jener Personenkreis, zu welchem der Überlebende oft keine besonders guten Beziehungen hat.

Da Lebenspartner gegenseitig gesetzliches Erb- und Pflichtteilsrecht haben, gelten die nachstehenden Beispiele auch für sie.

Beispiele:

- Kinderlose Eheleute, die im gesetzlichen Güterstand leben, haben ein Haus als Miteigentümer je zur Hälfte. Der Mann stirbt. Es gibt keine letztwillige Verfügung. Erben werden die Ehefrau zu 3/4 und der Bruder des Verstorbenen zu 1/4. Da die Ehefrau bereits zur Hälfte Miteigentümerin war, gehören ihr jetzt 7/8 des Hauses, 1/8 dem Bruder. Der Bruder könnte sich nun darauf beschränken, den Hälfteanteil des Verstorbenen zur Versteigerung zu bringen (man bezeichnet dies als „kleines Antragsrecht“). Er wird aber wohl die Möglichkeit wählen (das nennt man „großes Antragsrecht“), das ganze Haus (!) versteigern zu lassen. Die Witwe kann seine Abfindung in Geld nicht erzwingen. Wenn eine Einigung nicht zustande kommt, wird das ganze Haus versteigert; die Witwe erhält 7/8 vom Geld und wird anschließend vom Ersteher aus dem Haus hinausgeworfen!

- Der Vater ist bereits verstorben; die Mutter ist jetzt Alleineigentümerin des Hauses. Die Eheleute haben drei Kinder. Die beiden Söhne halten zur Mutter, die Tochter hat (unter dem Einfluss ihres bösen Freundes) ständig Streit mit den anderen. Nun stirbt die Mutter. Es gibt kein Testament. Söhne und Tochter sind Erben zu je einem Drittel. Die Söhne können die Tochter gegen deren Willen nicht abfinden. Sie kann die Versteigerung des Hauses durchsetzen.
  Alternative: Die Mutter hat im Testament die Tochter „auf den Pflichtteil gesetzt". Nun steht der Tochter nur 1/6 zu. Aber der Pflichtteil ist nur ein **Anspruch in Geld**. Die Söhne (in Erbengemeinschaft je zur Hälfte) können den Pflichtteilsanspruch ihrer Schwester auch gegen deren Willen durch Geldzahlung in Höhe von 1/6 des Nachlasses abfinden. Die Versteigerung des Hauses kann die Tochter nicht erzwingen.
  Anna, Berta und Clemens sind Erben zu je einem Drittel. Clemens kümmert sich um nichts und macht Schulden. Seine Gläubiger können (nach Pfändung und Überweisung des Erbteils) die Versteigerung des ererbten Hauses erzwingen.

Risiko vermeiden!

Die beste Vermeidung der vorbezeichneten Risiken besteht darin, nach Möglichkeit so wenig Gemeinschaften wie möglich entstehen zu lassen. Ganz besonders sollen Eltern daran denken, Grundbesitz nicht ohne Weiteres an eine Erbengemeinschaft fallen zu lassen. Eheleute mit Grundbesitz ohne Abkömmlinge handeln nach Auffassung des Verfassers gewissenlos, wenn sie keine letztwillige Verfügung treffen und so den Überlebenden in eine Erbengemeinschaft mit den Geschwistern des Verstorbenen zwingen.

Nichteheliche Kinder

Gegenüber der Mutter hatten nichteheliche Kinder schon immer ein Erbrecht, das zum Antrag auf Teilungsversteigerung berechtigt.

Früher galt der Grundsatz, dass nichteheliche Kinder gegenüber dem Vater kein Erbrecht (und damit auch kein Pflichtteilsrecht) hatten, wenn sie vor dem 01.07.1949 geboren sind, was auch das Bundesverfassungsgericht „abgesegnet“ hatte. Der Europäische Gerichtshof für Menschenrechte hat dekretiert, dass Deutschland auch früher geborenen nichtehelichen Kindern ein Erbrecht gewähren muss. Nunmehr gilt für das Erb- und Pflichtteilsrecht nichtehelicher Kinder gegenüber dem Vater:

- Hatte das Kind die früher kurze Zeit bestehende Möglichkeit genutzt, den vorzeitigen Erbausgleich zu verlangen, steht ihm jetzt weder ein Erb- noch Pflichtteilsrecht zu.
- Geht es um die Erbschaft eines nach dem 28.05.2009 verstorbenen Mannes, hat das nichteheliche Kind ohne Rücksicht auf sein eigenes Geburtsdatum Erb- und Pflichtteilsrecht.
- Geht es um die Erbschaft eines vorher gestorbenen Mannes, hat das Kind nur Erb- und Pflichtteilsrecht, wenn es selbst nach dem 01.07.1949 geboren ist.

Ein nichteheliches Kind, das nach diesen Regeln Erbrecht hat, kann die Zwangsversteigerung des Hauses nach dem Tod des Vaters verlangen, wenn es Miterbe geworden ist. Wurde es durch Testament von der Erbfolge ausgeschlossen, hat es zwar noch Anspruch auf den Pflichtteil, der kann jedoch von den Erben mit Geld abgefunden werden.

Mehrere Kinder als Erben

Aber auch Väter/Mütter mit mehreren gemeinsamen Kindern sollen nicht nur an den Tod des Erstversterbenden denken (aufs „längste Leben“), sondern auch an den Tod des Überlebenden. Sind mehrere Kinder vorhanden, sollte dafür gesorgt werden, dass nur einer im Erbfall Anspruch auf das Haus hat (ggf. gegen Auszahlung). Jeder Notar weiß, wie man das richtig macht. Natürlich hat dieser einen gesetzlichen Anspruch auf eine Vergütung (das heißt, er kann nicht verlangen, was er will!). Und was viele Leute nicht wissen: Es ist gut möglich, dass später die Erben beim Gericht jenes Geld sparen, das der Erblasser beim Notar ausgegeben hatte!

> ***Praxis-Tipp:***
>
> *Wer Miteigentümer in einer Bruchteils- oder Gesamthandsgemeinschaft ist, kann jederzeit die Aufhebung dieser Gemeinschaft verlangen, falls keine Ausnahme vorliegt. Im Zweifelsfall kann man sich bei Gericht erkundigen, sofern eine Grundbuchabschrift des zu versteigernden Grundstücks vorgelegt wird.*

9.3 Den Versteigerungsantrag richtig stellen

Den Versteigerungsantrag kann man wie folgt stellen:

- durch einen Rechtsanwalt
- selbst schriftlich formulieren (Muster siehe Kapitel 10.5)
- mündlich bei der Geschäftsstelle des Versteigerungsgerichts oder (das ist örtlich verschieden) bei der Rechtsantragstelle des Amtsgerichts

Wer keinen Rechtsanwalt beauftragen, aber den Antrag auch nicht persönlich stellen will, kann nicht jeden beliebigen Bekannten bevollmächtigen (§ 79 ZPO). Nahe Verwandte dürfen bevollmächtigt werden. Bei anderen Personen bitte beim Gericht nachfragen.[23]

Es ist zweckmäßig, zuerst eine Grundbuchabschrift des zu versteigernden Grundstücks zu besorgen. Diese erhält man beim Grundbuchamt. In manchen Bezirken wird das Grundbuch nicht beim Gericht geführt. In diesem Fall wendet man sich an das Grundbuchamt beim Bezirksnotar oder bei der Gemeinde. Beim Amtsgericht kann man telefonisch erfragen, welche Stelle dafür zuständig ist. 9

Leben alle in der „ersten Abteilung" des Grundbuchs als Eigentümer genannten Personen noch, müssen deren genaue Anschriften bekannt sein.

Ist einer der noch eingetragenen Miteigentümer bereits verstorben, muss für ihn ein Erbschein vorgelegt werden. Ausnahmsweise genügt ein notarielles Testament (bzw. Erbvertrag) mit gerichtlichem Eröffnungsprotokoll, falls diese Urkunden zur Grundbuchberichtigung ausreichend wären. Erbschein bzw. Testament/Protokoll liegen – wenn

---

23 Es ist bezeichnend für die ideologisch fundierte Gesetzgebung in unserem Land, dass Sie einen Bekannten, der „Volljurist" ist, aber vom ZVG kaum etwas versteht, bevollmächtigen dürfen, nicht aber einen Rechtspfleger, der für das Sachgebiet eine Spezialausbildung hat.

man Glück hat – beim Nachlassgericht am letzten Wohnsitz des Verstorbenen. Anderenfalls muss ein Erbschein erst mühsam (und teuer) beim Nachlassgericht besorgt werden. Der Anspruch auf Auseinandersetzung der Gemeinschaft müsste auch dann zur Antragstellung auf den Erbschein reichen, wenn der Antragsteller kein Miterbe ist.

Sind die Nachlassurkunden beisammen, müssen die Anschriften aller Miterben vorhanden sein. Es ist nicht erforderlich, diese Miterben zuerst im Grundbuch eintragen zu lassen. (Ein Miterbe könnte diesen Eintragungsantrag innerhalb von zwei Jahren nach dem Tod des Erblassers kostenlos stellen!) Der weitere Antrag ist dann kein Problem mehr.

Beispiel:

Das Grundstück gehört Hans, Klaus und Anna zu je einem Drittel (oder aber auch in Erbengemeinschaft zu je einem Drittel). Klaus ist verstorben, steht aber noch im Grundbuch. Hans will den Versteigerungsantrag stellen. Die Anschrift von Anna weiß er. Wenn er Glück hat, findet er beim Nachlassgericht einen Erbschein für Klaus. Ist das nicht der Fall, muss er einen besorgen, was mühsam und teuer ist, insbesondere wenn Hans nicht zu den Erben von Klaus zählt.

Angenommen, der Erbschein ist da. Erben sind die volljährigen Kinder von Klaus, nämlich Bruno und Clara. Also benötigt Hans folgende Unterlagen, um den Antrag stellen zu können:

- die Grundbuchabschrift
- den Erbschein für Klaus
- die Anschriften von Anna, Bruno und Clara (sind Letztere minderjährig, auch noch Name/Anschrift des gesetzlichen Vertreters, normalerweise der Mutter)

Der Antrag wird an das zuständige Versteigerungsgericht gerichtet; normalerweise das Amtsgericht, in dessen Bezirk das Grundstück liegt, oder bei Zentralisierung an das Gericht, das für die Versteigerung zuständig ist.

Wird dem Antrag stattgegeben, ordnet das Gericht die Versteigerung an. Der Antragsteller erhält einen Anordnungsbeschluss und eine Kostenrechnung. Der Spaß kostet ihn pauschal 100 Euro zuzüglich der gerade üblichen Zustellungskosten, die sich nach der Zahl der Miteigentümer richten. Im Laufe des Verfahrens wird meist noch ein Kostenvorschuss angefordert, der erheblich sein kann. Diesen Betrag erhält aber der Antragsteller aus dem Erlös **vorweg** (in der sogenannten Rangklasse 0) erstattet, wenn das Grundstück versteigert wird.

Ob das Gericht über den Antrag sofort entscheidet oder zuerst noch den Miteigentümern Gelegenheit zur Stellungnahme gibt, ist weder gesetzlich geregelt, noch gibt es eine einheitliche Handhabung. Das Gericht bezeichnet im Anordnungsbeschluss und im weiteren Verfahren die Parteien wie folgt:

Wer den Antrag gestellt hat, ist Antragsteller, alle anderen sind Antragsgegner, auch wenn sie im Einzelfall nichts gegen den Antrag haben, sondern mit der Versteigerung einverstanden sind.

9.4 Die einstweilige Einstellung des Verfahrens

Es kommt nicht selten vor, dass die bisher festgefahrenen Verhandlungen zwischen den Miteigentümern wieder vorankommen, sobald die Versteigerung angeordnet ist. Selbstverständlich kann man sich auch jetzt noch einigen.

Es wäre falsch, sofort den Antrag zurückzunehmen. Dadurch würden alle Gerichtskosten neu entstehen, die schon bisher entstanden sind, wenn der Antrag nach dem Scheitern der Verhandlung neu gestellt werden müsste. Der Antragsteller kann jederzeit ohne Angabe von Gründen beim Versteigerungsgericht beantragen, dass das Verfahren einstweilen eingestellt wird. Hierzu genügt ein Brief ans Gericht (Aktenzeichen nicht vergessen!) mit dem Text: „Ich bewillige die einstweilige Einstellung des Verfahrens."

Alsbald wird das Gericht allen Beteiligten einen Einstellungsbeschluss zustellen. Die Kosten hierfür beschränken sich auf die jeweils geltenden Zustellungskosten pro Miteigentümer. Zusammen mit diesem Beschluss wird der Antragsteller über Folgendes belehrt:

- Das Verfahren wird grundsätzlich auf die Dauer von sechs Monaten einstweilen eingestellt. Ein bereits bestimmter Versteigerungstermin wird aufgehoben. Man kann also die Einstellung noch bewilligen, obwohl bereits ein Termin bestimmt ist.

- Der Antragsteller kann jederzeit ohne Angabe von Gründen die Fortsetzung des Verfahrens verlangen. Wieder genügt ein Brief an das Gericht mit dem Text: „Ich beantrage die Fortsetzung des Verfahrens." Diese Fortsetzung kostet wieder die gleichen Zustellungskosten.
- Stellt der Antragsteller diesen Antrag nicht innerhalb der vorgenannten sechs Monate ab der Zustellung des Einstellungsbeschlusses an ihn, hebt das Gericht das Verfahren auf.

Wichtig: Der Antragsteller kann diesen Einstellungsantrag noch einmal wiederholen. Bewilligt er zum **dritten Mal** die einstweilige Einstellung, wird das Verfahren **aufgehoben**. Ein Antrag, nur den Versteigerungstermin aufzuheben, ist nicht zulässig. Ein solcher Antrag gilt kraft Gesetzes als Einstellungsantrag und kann somit – wenn bereits zwei Einstellungen vorausgegangen sind – zur Aufhebung des Verfahrens führen.

Ist einer der Antragsgegner inzwischen dem Verfahren beigetreten, kann die einstweilige Einstellung nur noch gemeinsam herbeigeführt werden (siehe auch Kapitel 9.5).

Kommt eine Einigung zustande, sollte man die Aufhebung des Verfahrens erst bewilligen, wenn die notarielle Urkunde über die Einigung abgeschlossen ist. Das Gericht erhebt dann seine Kosten (die Höhe ist vom Verfahrensstand abhängig und kann inzwischen beträchtlich sein; beim Rechtspfleger fragen!) immer beim Antragsteller. Bei der Einigung sollte man auch regeln, ob und wie diese Kosten geteilt werden.

Praxis-Tipp:

Besteht die Einigung nur darin, dass einer der Miteigentümer das Grundstück gegen Zahlung einer Geldsumme zu Alleineigentum übernimmt, kann man eventuell die Notarkosten sparen, indem man den Rechtspfleger bittet, einen Termin zum Abschluss eines Vergleichs zu bestimmen und die Einigung zu protokollieren. Besondere Kosten entstehen hierdurch nicht. Es soll jedoch nicht verhehlt werden, dass diese Verfahrensweise vom Grundbuchamt nicht anerkannt wird (vgl. hierzu z. B. OLG Frankfurt, Beschluss vom 18.01.2018 – 20 W 308/17).

9.5 Der Einstellungsantrag des Antragsgegners

Wie bereits ausgeführt, können die Antragsgegner die Versteigerung auf Dauer nicht verhindern, wenn kein gesetzlicher Grund vorliegt, der die Aufhebung der Gemeinschaft verbietet. Es besteht jedoch die Möglichkeit, das Verfahren zu verzögern.

Gegen den Anordnungsbeschluss des Gerichts einen Rechtsbehelf einzulegen, hat nur dann einen Sinn, wenn ein Hindernis im Grundbuch eingetragen ist. Hatte das Gericht dem Antragsgegner den Antrag zur Stellungnahme zugeleitet, sollte in dieser Stellungnahme auf das Hindernis hingewiesen werden. Ein Rechtsbehelf gegen den Anordnungsbeschluss hat allgemein wenig Aussicht auf Erfolg. Will der Antragsgegner unbedingt einen Rechtsbehelf einlegen, sollte er das mündlich bei der Geschäftsstelle bzw. der Rechtsantragstelle oder aber über einen Anwalt tun. Wurde der Antragsgegner vor der Entscheidung gehört, muss der Rechtsbehelf innerhalb von zwei Wochen ab Zustellung des Anordnungsbeschlusses beim Gericht eingegangen sein. Es entstehen meist Gerichtskosten! Der Antragsgegner kann den Antrag stellen, das Verfahren einstweilen einzustellen (§ 180 Abs. 2 ZVG), wenn dies unter Beachtung der widerstreitenden Interessen angemessen erscheint. 9
Auch diesen Antrag kann man

- durch einen Anwalt stellen,
- selbst schriftlich formulieren (Muster siehe Kapitel 10.6),
- mündlich bei der Geschäftsstelle bzw. Rechtsantragstelle stellen.

Wird kein Anwalt beauftragt, kann der Antrag auch durch einen Bevollmächtigten gestellt werden. Dazu aber wegen § 79 ZPO die Einschränkung in Kapitel 9.3 beachten.

Die einstweilige Einstellung erfolgt auf maximal sechs Monate und kann im Normalfall nur einmal wiederholt werden. Gehört jedoch das Grundstück (nur) Eheleuten (auch ehemaligen Eheleuten nach Scheidung) und haben diese ein Kind bzw. Kinder,[24] kann die einstweilige Einstellung immer wieder wiederholt werden, wenn das zur Abwendung einer ernsthaften Gefährdung des Kindeswohls erforderlich ist. Auf diese Weise kann das Verfahren maximal fünf Jahre verzögert werden.

---

24 Pflegekinder gelten nicht (BGH, Beschluss vom 22.03.2007 – V ZB 152/06, Rpfleger 2007, 408).

Praxis-Tipp:

Der Antrag muss innerhalb von zwei Wochen nach Zustellung des Anordnungsbeschlusses beim Gericht sein. Außer Zustellungsauslagen entstehen hierdurch keine besonderen Kosten beim Gericht. War aber ein Anwalt eingeschaltet, erhält er hierfür eine besondere Gebühr.

Ist alle Hoffnung gescheitert, die Versteigerung zu verhindern, sollte(n) der/die Antragsgegner erwägen, dem Verfahren beizutreten. Das kostet zwar 100 Euro und Zustellungsauslagen, kann aber dienlich sein. Will ein Antragsgegner mitbieten, sollte er diese Kosten nicht scheuen, sondern unbedingt dem Verfahren beitreten, um seine Rechtsstellung zu verbessern. Hierzu genügt ein Schreiben an das Gericht (Aktenzeichen nicht vergessen) mit dem Text: „Ich beantrage die Zulassung meines Beitritts zum Verfahren." Eine Begründung ist nicht erforderlich!

Beispiel:

Hans und Karl sind Eigentümer des Grundstücks in Erben- oder Bruchteilsgemeinschaft. Beide wollen das Anwesen zu Alleineigentum ersteigern. Hans hat den Versteigerungsantrag gestellt. Karl ist nicht beigetreten.

9

Im Versteigerungstermin bieten nun beide. Keiner weiß, wie hoch der andere mitbieten wird. Jetzt kann Hans risikolos mitbieten. Bleibt er am Schluss Meistbietender mit einem Betrag, der ihm zu hoch erscheint, so muss er nur in der Verhandlung über den Zuschlag erklären, dass er die einstweilige Einstellung bewillige – und die Versteigerung ist „geplatzt".

Oder: Ein Dritter bietet mehr, als die beiden Miteigentümer bieten wollen. Karl ist mit diesem Gebot einverstanden und würde gerne dem Dritten das Haus zukommen lassen, Hans will das aber nicht. Er kann durch seine Einstellungsbewilligung den Zuschlag an den Dritten verhindern.

War Karl dem Verfahren aber beigetreten, kann der Zuschlag nur noch gemeinsam verhindert werden.

Wichtig: Diese Wirkung erlangt ein Beitritt aber nur, wenn er früher als vier Wochen vor dem Versteigerungstermin bereits dem Antragsteller zugestellt worden ist. Mit Rücksicht auf die gerichtliche Bearbeitungszeit sollte daher das Beitrittsgesuch sofort nach Terminsbestimmung gestellt werden.

Die einstweilige Einstellung oder die Rücknahme des Versteigerungsantrags kann noch im Versteigerungstermin, spätestens in der Verhandlung über den Zuschlag, erklärt werden.

9.6 Was noch vor dem Versteigerungstermin zu erledigen ist

Dieser Abschnitt ist nur zu beachten, wenn im Grundbuch noch Rechte eingetragen sind, die nach den gesetzlichen Versteigerungsbedingungen in der Teilungsversteigerung bestehen bleiben. Es ist daher auch für den Antragsgegner unverzichtbar, den Inhalt des Grundbuchs zu kennen. Eine einfache Grundbuchabschrift[25] ist für 10 Euro beim Grundbuchamt erhältlich.

Die Rechte in der zweiten Abteilung (z. B. Wegerecht) werden ohnehin auf den Ersteher übergehen. Sollte allerdings ein Recht eingetragen sein, das nur auf Lebzeiten einer inzwischen verstorbenen Person bestellt wurde (Wohnungsrecht, Leibgeding bzw. Altenteil), wäre die Löschung zu veranlassen. Regelmäßig genügt hierfür eine Sterbeurkunde und die Löschung kann im Rahmen der Zwangsversteigerung kostenfrei erfolgen. 9

Aber: Diese Angelegenheit sollte rechtzeitig vor dem Termin mit dem Rechtspfleger erörtert werden.

Eine noch im Grundbuch eingetragene Grundschuld oder Hypothek ist dagegen stets ein Anlass zu ernster Sorge. Trotz allen Streits, der regelmäßig einer Teilungsversteigerung vorangeht, sollte so viel beiderseitiger Gemeinsinn vorhanden sein, die nachfolgenden Schritte einzuleiten. Wer glaubt, darauf verzichten zu können oder aus Streitlust sich einer vernünftigen Regelung widersetzt, muss sich nicht wundern, wenn er später in teure Prozesse verwickelt wird. Und einige prozessge-

25 Auch Grundbuchauszug genannt.

richtliche Entscheidungen und deren ablehnende Besprechungen in der Literatur geben Anlass zur Annahme, dass man im Voraus mit nichts außer hohen Kosten rechnen kann![26]

Es ist noch eine „nicht mehr valutierte“ Grundschuld oder Hypothek eingetragen

Nicht selten wird jetzt entdeckt, dass im Grundbuch immer noch die Sicherung für das längst zurückgezahlte Darlehen – meist eine Grundschuld – eingetragen ist. Dieses Recht sollte im Rahmen der Teilungsversteigerung beseitigt werden. Dazu benötigt man eine Löschungsbewilligung der Bank[27] und die Zustimmung aller Miteigentümer. Später wird erklärt, was zu veranlassen ist. Lassen Sie sich besser nicht von der Bank dahingehend „beraten“, das Recht für die spätere Finanzierung „stehen zu lassen“. Das funktioniert nur im uneingeschränkten Einvernehmen zwischen Antragsteller, Antragsgegner, Bank und Ersteher. Ist dies nicht gewährleistet, sollte man um einer Kostenersparnis willen kein Risiko eingehen.

Es ist noch eine teilweise valutierte Grundschuld oder Hypothek eingetragen

Bei einer Hypothek ist die Sache einfach. Die Rückzahlung des Darlehens macht das Grundbuch unrichtig. Die Hypothek steht in Höhe der Rückzahlung den Eigentümern zu. Die Bank muss sich von dem nicht valutierten Teil trennen. Dazu später mehr.

Problematisch ist eine Grundschuld, denn diese gehört der Bank auch dann noch in voller Höhe, wenn die gesicherte Forderung (Darlehen) wesentlich geringer ist. Dazu kommt, dass die eingetragenen Zinsen deutlich höher sind als die vereinbarten Darlehenszinsen. All dies kann nach dem Zuschlag – je nach Verlauf – schwierige Probleme aufwerfen, die man vorher nach Möglichkeit gering halten soll. Hier geht nichts ohne ein Gespräch zwischen Antragsteller, Antragsgegner und der Bank.

---

26 Der Verfasser denkt hierbei besonders an die Urteile des LG München vom 11.12.2009 – 25 O 6214/09 und des BGH vom 04.02.2011 – V ZR 132/10., Rpfleger 2011, 300.

27 Bei Briefrechten auch den Brief. Im Grundbuch erkennen Sie den Unterschied: Rechte ohne den Zusatz „ohne Brief“ im Text sind Briefrechte.

Ist die Forderung der Bank gegenüber dem Nennwert der Grundschuld gering, sollte erörtert werden, ob die Bank damit einverstanden ist, im Rahmen der Versteigerung das Engagement abzulösen. Sie erhält dann nicht nur ihre Restforderung und eine saftige Vorfälligkeitsentschädigung, sondern sie schließt auch alle sie sonst treffenden Risiken der richtigen Rückgewähr aus. Für die Eigentümer sind „klare Verhältnisse" unbezahlbar, zumal Dritte erfahrungsgemäß bei Lastenfreiheit erheblich mehr bieten werden. Denn ein zu übernehmendes Recht stört die Finanzierungspläne des Erstehers und stellt auch für ihn ein Risiko dar.

Ist die Schuld bei der Bank noch hoch und/oder ist diese zur Liquidation nicht bereit, sollte erörtert werden:

- Ob sie den zur Sicherung nicht mehr benötigten Restbetrag der Grundschuld löschen lässt[28] oder insoweit auf die Grundschuld[29] „verzichtet", da ja die „gesicherte Forderung" der Höhe nach feststeht und keine weiteren Verbindlichkeiten mehr entstehen können.
- Ob die Bank die bisherigen Eigentümer von der Weiterzahlung auf die Schuld frei stellt und nur noch Zahlung vom Ersteher fordert; insbesondere wenn einer der bisherigen Miteigentümer das Objekt ersteigert.
- Ob sich die Bank dessen bewusst ist, dass sie dem Ersteher nur gegen Zahlung der vollen Grundschuldsumme samt den im Grundbuch eingetragenen (hohen) Zinsen eine Löschungsbewilligung erteilen darf und sie den Überschuss den Eigentümern gemeinsam auszahlen muss.
- Ob die Bank bereit ist, unter Verzicht auf die Kündigungsfrist von sechs Monaten mit dem Ersteher das Engagement abzuwickeln oder auf der Kündigungsfrist besteht und ob sie dann die dinglichen Zinsen bis zur Abwicklung für die bisherigen Eigentümer vom Ersteher einfordert (darf sie, muss sie nicht) oder diese Zinsen den Eigentümern durch Abtretung zur Verfügung stellt. (Muss sie, wenn sie diese nicht selbst einzieht!)

---

[28] Dazu ist die Bank an sich verpflichtet (BGH, Urteil vom 19.04.2013 – V ZR 47/12, Rpfleger 2013, 558), wenn insoweit keine weitere Inanspruchnahme möglich ist.

[29] Vor dem Versteigerungstermin!

- Wie sich die Bank verhält, wenn der Ersteher seiner Verpflichtung nicht nachkommt, Zahlungen auf die Grundschuld zu leisten. (Versteigerungsantrag gegen ihn oder doch lieber bei den bisherigen Eigentümern weiter kassieren?)
- Wie hoch ist noch die gesicherte Forderung – berechnet auf den Tag des Versteigerungstermins?

Wenn sich Bank und Eigentümer geeinigt haben

Der „normale" Weg wäre, dass nun die Bank den Eigentümern eine Löschungsbewilligung erteilt und die Eigentümer beim Notar (oder bei einer hierzu nach Landesrecht ermächtigten kommunalen Stelle) ihre Zustimmung zur Löschung erklären, die Urkunden dem Grundbuchamt einreichen und später die erfolgte Löschung beim Versteigerungsgericht anmelden. Das kostet sehr viel Geld.[30]

Etwas billiger und bei den Banken beliebt: Die Bank erklärt den Verzicht auf die Grundschuld (oder auf einen letztrangigen Teil von ihr) gegenüber dem Grundbuchamt. Das kostet zwar auch Gebühren, ist aber besonders dann billiger, wenn die Bank ein Siegel führen darf (Landesbank, Stadt- oder Kreissparkasse). Die Bank oder die Eigentümer müssen den erfolgten Eintrag des Verzichts beim Versteigerungsgericht anmelden.

Selbst bei vielen Banken unbekannt ist eine kostenlose Möglichkeit, wenn sich alle Beteiligten einig sind: Bank und Eigentümer beantragen übereinstimmend, im Wege der abweichenden Versteigerungsbedingung (§ 59 ZVG) die Grundschuld oder Hypothek ganz oder teilweise zu löschen. Dabei kann beantragt werden, dass die Restforderung für die Bank in bar aus dem Versteigerungserlös bezahlt und der hierfür erforderliche Betrag ins geringste Gebot gestellt wird. Nach der hier vertretenen Auffassung können diese Erklärungen ohne öffentliche Beglaubigung schriftlich dem Gericht gegenüber abgegeben werden, was auch jenen Banken, die kein Siegel führen, Gebühren erspart. Aber auch eine formelle Löschungsbewilligung wird von den Gerichten als

---

30 Gebühren des Notars, wenn die Bank kein Siegel führt; Gebühren des Notars für die Zustimmungserklärung der Eigentümer; Gebühren des Grundbuchamts für die Löschung.

Zustimmung nach § 59 ZVG zur Löschung anerkannt. Muster für den Antrag auf abweichende Versteigerungsbedingung siehe Kapitel 10.7.

> **Wichtig:** All das muss vor dem Termin mit dem Rechtspfleger erörtert werden. Verlassen Sie sich nicht darauf, dass junge Rechtspfleger in Fragen der abweichenden Versteigerungsbedingung routiniert sind.

Wenn eine Grundschuld bestehen bleibt

Alle Miteigentümer[31], die für die gesicherte Forderung (Darlehen) gesamtschuldnerisch haften, schreiben an das Versteigerungsgericht:

„Hiermit melde ich gemäß § 53 Abs. 2 ZVG an, dass ich für die Grundschuld zugunsten der X-Bank (X0.000 Euro) in Höhe von ... Euro persönlich hafte."

Geschieht das nicht, sind die bisherigen Eigentümer später einem böswilligen Ersteher und einer unwilligen Bank hilflos ausgeliefert.

9.7 Was im Versteigerungstermin besonders zu beachten ist

Für die Abwicklung einer Teilungsversteigerung gelten nur wenige besondere Regeln, zum Beispiel muss 9

- auch von einem Miteigentümer Sicherheit geleistet werden, wenn es der andere (oder ein im Grundbuch eingetragener Gläubiger) verlangt
- eine Vollmacht vorgelegt werden, wenn für einen Abwesenden geboten werden soll.

Soll der Bevollmächtigte nur Gebote abgeben, kann jedermann bevollmächtigt werden. Soll er aber Erklärungen abgeben (z. B. Sicherheit verlangen oder Widerspruch erheben), muss die Einschränkung (Kapitel 9.3) bei der Auswahl des Bevollmächtigten beachtet werden.

Wer als Miteigentümer von einem Bieter (anderer Miteigentümer oder Dritter) Sicherheit verlangen will, muss dies sofort (!) nach Abgabe des Gebots tun. Von seltenen Ausnahmen abgesehen muss das Gericht dem Verlangen stattgeben und die Sicherheitsleistung anordnen. Geschieht

---

31 Haftet nur ein Miteigentümer allein, genügt es, wenn er diese Haftung anmeldet.

das, wird das Gebot dieses Bieters (und auch dessen künftiges Gebot) nur zugelassen, wenn die Sicherheit geleistet wird.

Lehnt der Rechtspfleger das Sicherheitsverlangen ab, sollte man vorsorglich Widerspruch gegen die sicherheitsfreie Zulassung des Gebots einlegen und darauf bestehen, dass dieser Widerspruch protokolliert wird. Diesen Widerspruch muss man bei jedem (sicherheitsfrei zugelassenen) weiteren Gebot dieses Bieters wiederholen. Nur so kann der Rechtspfleger eventuell später einen erkannten Fehler korrigieren. Der Widerspruch ist gebührenfrei.

Wird eine vermietete Eigentumswohnung versteigert, ist unbedingt der Hinweis in Kapitel 8.2 zu beachten.

Alle im Grundbuch eingetragenen Rechte müssen vom Ersteher übernommen werden (zu bestehen bleibenden Rechten siehe Kapitel 2.4). Eine ganz seltene Ausnahme bleibt hier unbeachtet.

> **Wichtig:** Es gibt kein Sonderkündigungsrecht für Mietverträge mit einer Kündigungsfrist, die länger als die gesetzliche Frist ist.

Theoretisch ist es möglich, vom Gericht zu verlangen, dass das Grundstück nur unter den Miteigentümern versteigert wird. Erforderlich ist, dass alle Miteigentümer diesen Antrag gemeinsam stellen. In einem weit verbreiteten Kommentar zum Zwangsversteigerungsgesetz wird (ohne jede Begründung) die Ansicht vertreten, das sei nicht zulässig. Eventuell gelingt es Ihnen, den Rechtspfleger vom Gegenteil zu überzeugen.

Wohnt einer der Miteigentümer im Haus, kommt es entscheidend darauf an, ob dieser mit den anderen Miteigentümern einen Mietvertrag geschlossen hatte oder nur aufgrund einer einfachen Benutzungsregelung dort wohnt. Hatte er einen Mietvertrag geschlossen, kann ihm nur normal gekündigt werden (siehe Kapitel 4.2). Wohnt er aufgrund einer Benutzungsregelung, kann er nach dem Zuschlag geräumt werden (siehe Kapitel 7.3). Gestatten mehrere Eigentümer einem davon die Benutzung des Grundstücks (Wohnung im Haus), so sollten sie mit Rücksicht auf eine künftige Versteigerung vorher genau schriftlich festlegen, ob es sich um einen Mietvertrag handelt oder ob er nur aufgrund seines Mitbesitzrechts infolge Miteigentums wohnen darf.

9.8 Was beim Verteilungstermin passieren kann

Ein Dritter (bisher kein Miteigentümer) hat das Grundstück ersteigert

Der Ersteher zahlt rechtzeitig sein Meistbargebot. Damit ist zunächst einmal seine Verpflichtung erfüllt. Die Überweisung des Bargebots und der Zinsen muss so frühzeitig veranlasst werden, dass dem Gericht im Verteilungstermin bereits eine Zahlungsanzeige der Gerichtskasse vorliegt. Wegen der ärgerlichen Folgen einer Verspätung sollte man sich am Terminstag telefonisch erkundigen, ob die Zahlungsanzeige vorliegt. Ist das nicht der Fall, muss der Termin unbedingt wahrgenommen werden, um die Angelegenheit mit dem Rechtspfleger zu erörtern.

Nunmehr obliegt es den bisherigen Miteigentümern, sich über den erzielten Versteigerungserlös zu einigen. Das Gericht wird im Verteilungstermin nichts anderes tun, als:

- seine Kosten dem Erlös entnehmen
- eventuell bis zum Zuschlag offenstehende öffentliche Lasten begleichen; bei Wohnungseigentum auch rückständiges Hausgeld
- die offenstehenden Zinsen eventuell eingetragener Grundpfandrechte bezahlen

Dann stellt es den Erlös den bisherigen Miteigentümern zur weiteren Entscheidung zur Verfügung. Das heißt, das Gericht **verteilt den Erlös nicht** unter den Miteigentümern.

Es ist nun Sache der Miteigentümer, sich über den Erlös zu einigen. Diese Einigung ist unverzichtbar, obwohl die Quoten (Bruchteile) bekannt sind.

Die Eigentümer sind sich einig

Gut so! Am besten kommen alle in den Termin, erklären dem Gericht ihre Einigung zu Protokoll, geben ihre Bankverbindung an und erhalten wenige Tage später die Überweisung. Können nicht alle kommen, kann der Abwesende seine Zustimmung auch schriftlich erteilen (Konto angeben!) oder einem anderen eine Vollmacht erteilen. Der Rechtspfleger entscheidet, ob er einen formlosen Brief akzeptiert oder Beglaubigung der Unterschrift fordert. Auch eine unbeglaubigte Vollmacht darf er anerkennen (vorher telefonisch fragen!). Die Vollmacht soll aber in jedem Fall folgende Angabe enthalten:

„Ich bevollmächtige Frau/Herrn ..., mich im Verteilungstermin bei der Aufteilung des Erlöses zu vertreten. Sie/Er ist vom Hindernis des § 181 BGB befreit und auch zum Geldempfang ermächtigt."

War der Bevollmächtigte bereits im Versteigerungstermin aufgetreten und hatte hierbei eine Vollmacht gemäß dem Muster in Kapitel 10.1 verwendet, reicht diese auch für den Verteilungstermin.

Wichtig: Sollte ein Ersteher das Meistgebot im Verteilungstermin nicht bezahlen, müssen die Miteigentümer sofort mit dem Rechtspfleger Verbindung aufnehmen und dann einen Antrag stellen, das Grundstück erneut zu versteigern. Von der Erörterung der jetzt notwendigen Formalien wird abgesehen. Hoffentlich hatten sie wenigstens im Versteigerungstermin Sicherheit verlangt, damit die Kosten gedeckt sind.

Problematisch: Grundpfandrechte

Blieb der Rat in Kapitel 9.6 unbeachtet, haben die Eigentümer jetzt Probleme mit der Bank, wenn ein Grundpfandrecht bestehen geblieben ist, welches bereits zurückgezahlt ist (Hypothek) oder keine Geldforderung mehr sichert (Grundschuld). In diesem Fall darf der Gläubiger (die Bank) dem Ersteher eine Löschungsbewilligung erteilen und – nach dem Zuschlag – auch nicht mehr auf die Grundschuld verzichten.[32]

Handelte es sich um eine Hypothek, ist diese kraft Gesetzes durch die Zahlung auf den Zahler übergegangen; das Grundbuch war unrichtig; die Bank ist nicht mehr Inhaberin des dinglichen Rechtes und darf die Löschungsbewilligung (oder besser eine „löschungsfähige Quittung") nur dem Zahler oder seinem Rechtsnachfolger erteilen.

[32] BGH, Urteil vom 09.02.1989 – IX ZR 145/87, Rpfleger 89, 295; bestätigt und erweitert durch BGH, Urteil vom 18.07.2014 – V ZR 178/13, NJW 2014/3772.

Handelte es sich um eine Grundschuld, ist die Bank zwar noch Inhaberin des dinglichen Rechts. Der Rückgewähranspruch ist aber durch die Versteigerung nicht auf den Ersteher übergegangen, sondern steht immer noch dem Besteller der Grundschuld oder seinem Rechtsnachfolger zu – und nur diese haben einen Anspruch auf eine Abtretungserklärung. Sie darf sich hierbei insbesondere nicht auf ihre abweichenden allgemeinen Geschäftsbedingungen berufen![33]

Wichtig: Keinesfalls darf die Bank jetzt noch den Verzicht auf die Grundschuld erklären, sonst besteht Regressgefahr!

Die Folge: Die Bank muss den bisherigen Eigentümern die erforderlichen Urkunden erteilen und (bei Briefrechten) den Brief aushändigen, wenn sie ihn noch hat. Der Ersteher muss – da er ja wegen der Übernahme entsprechend weniger geboten hat – diesen Betrag jetzt an die Miteigentümer (gemeinsam) zahlen und ab dem Zuschlag mit den im Grundbuch eingetragenen Zinsen verzinsen. Nach Zahlung erhält er von diesen die Unterlagen der Bank und eine eigene Löschungsbewilligung aller bisherigen Eigentümer. Hierzu ist Beglaubigung erforderlich. Es gilt die gleiche Form wie bei der Vollmacht. In diesem Fall sollte man besser zum Notar gehen. Der Ersteher muss die Kosten der Löschung ohnehin bezahlen.

9

Besteht bis dahin keine Einigung über den Erlös und will der Ersteher unbedingt löschen, muss er das Geld beim Gericht hinterlegen. Dann sind die bisherigen Eigentümer zur Erteilung der Löschungsbewilligung verpflichtet, sonst droht ein teurer Prozess.

> ***Praxis-Tipp:***
>
> *Wegen dieser Schwierigkeiten sollte man vor dem Versteigerungstermin das Grundbuch bereinigen (Kapitel 9.6).*

Der Ersteher ist nun verpflichtet, gegenüber der Bank die Gesamtverbindlichkeit der bestehen gebliebenen und von ihm übernommenen

---

33 BGH, Urteil vom 18.07.2014 – V ZR 178/13, NJW 2014/3772.

Grundschuld zu begleichen. Dabei kommt es für ihn nicht darauf an, was die Bank noch zu bekommen hat oder wie hoch die Darlehenszinsen im Innenverhältnis sind. Er schuldet die eingetragene Summe und die eingetragenen Zinsen (die stets deutlich höher sind) ab Zuschlag. Da neuerdings Grundschulden gekündigt werden müssen, kann ihn die Bank bis zu sechs Monate in dieser ungünstigen Lage festhalten.[34]

Zahlt der Ersteher seiner Verpflichtung gemäß an die Bank, haben die bisherigen Eigentümer mit ihm keine Probleme, nur mit der Bank, die jetzt mit ihnen abrechnen muss. Zahlt der Ersteher aber nicht, kann die Bank ihn nicht auf Zahlung verklagen, da er nur „dinglich haftet". Sie müsste gegen ihn erneut die Zwangsversteigerung beantragen. Viel bequemer aber ist es für die Bank, die alten Eigentümer – welche ja für die Schuld weiter haften – in Anspruch zu nehmen. Diese müssen nun gegen den Ersteher auf Zahlung an die Bank klagen – und das ist aussichtslos, wenn die Anmeldung (Kapitel 9.6) unterblieben ist. Sie sind der Bank hilflos ausgeliefert.

Aber auch sonst haben die bisherigen Eigentümer Anspruch gegen die Bank auf:

9

- Abrechnung der Ersteher-Zahlungen gegenüber ihrer Restschuld und Auszahlung des Überschusses
- Abtretung des von der Bank nicht benötigten Grundschuld-Teils einschließlich der nicht benötigten (hohen) dinglichen Zinsen. Kommt die Bank dieser Verpflichtung nach, können die Eigentümer (gemeinsam!) vom Ersteher entsprechende Zahlung verlangen oder aber mit einem Titel gegen ihn die erneute Versteigerung ihres früheren Eigentums betreiben. Das alles ist so schwierig, dass juristische Laien ohne einen auf diesem Rechtsgebiet versierten Anwalt hilflos sind. Das Versteigerungsgericht kann den bisherigen Eigentümern nicht helfen, weil es hier nicht mehr um das (abgeschlossene) Versteigerungsverfahren geht und Streitfragen notfalls im Prozessweg geklärt werden müssen.

[34] Das ist zwar nicht unstreitig, erfordert aber einen Rechtsstreit zwischen Ersteher und Bank, wenn diese auf der formalen Position beharrt. Das LG Stuttgart (Rpfleger 2013, 469) hat zugunsten der Bank entschieden.

Die Miteigentümer sind sich nicht einig

Oh weh! Wenn auch nur einer nicht zustimmt, können alle eventuell jahrelang auf ihr Geld warten! Das Versteigerungsgericht wird sich kaum Mühe geben (muss es auch nicht), die Einigung zu vermitteln. Es könnte dies auch nur, wenn alle (!) im Termin erschienen sind.

Das Geld wird dann beim Gericht (geringe Zinsen) hinterlegt, und die Miteigentümer werden auf den Prozessweg verwiesen. Erst wenn vielleicht nach Jahren das Urteil rechtskräftig ist, erfolgt die Auszahlung. Gewöhnlich folgt dann noch ein Schadensersatzprozess (wegen entgangener Zinsen) gegen den Querkopf, wenn er ohne triftigen Grund seine Zustimmung verweigert hat. Die Anwälte freuen sich – meist gehört am Ende das Geld zum größten Teil ihnen und dem Gericht.

Ein Miteigentümer hat das Grundstück ersteigert

Auch er muss nun im Verteilungstermin sein Meistgebot bezahlen. Besteht über die Verteilung Einigkeit unter den bisherigen Miteigentümern, kann er den auf sich entfallenden Teil einbehalten und sich hierfür im Termin „für befriedigt erklären“. Voraussetzung ist aber, dass spätestens im Verteilungstermin diese Einigung von allen erklärt wird. Wegen des dann noch zu zahlenden Betrags ist rechtzeitig Rücksprache mit dem Rechtspfleger erforderlich, da dieser Betrag nie der rechnerischen Restquote entsprechen kann, denn

- aus dem vollen (!) Meistgebot sind die Zinsen geschuldet;
- das Gericht entnimmt vorher seine Kosten und etwaige andere Beträge.

Besteht keine Einigung, hat der Ersteher hoffentlich bereits beim Bieten damit gerechnet. Denn nun muss er zur Meidung schwerwiegender Folgen (siehe Kapitel 9.6) vor dem Verteilungstermin das ganze Meistgebot (!) bezahlen und damit rechnen, dass er seinen Anteil erst nach langwierigen Prozessen erhält. Sind die bestehen gebliebenen Grundpfandrechte nicht mehr „valutiert“, muss er den Nennbetrag plus Zinsen an die Gemeinschaft zahlen oder im Fall mangelnder Einigung beim Gericht hinterlegen, um die Löschung der Rechte herbeiführen zu können.

Ist auf dem Grundstück ein Grundpfandrecht eingetragen, das noch nicht gelöscht werden kann (da die Valuta noch ganz oder teilweise geschuldet ist), soll ein Miteigentümer, der das Grundstück ersteigern will, unbedingt vorher (!) mit der Bank die spätere Abwicklung besprechen. Anderenfalls drohen ihm unter Umständen schwerwiegende Nachteile![35] Siehe dazu Kapitel 9.6.

Kosten/Steuern

Hat ein Miteigentümer das Grundstück ersteigert, spart er Gerichtskosten.

Die Zuschlagsgebühr richtet sich jetzt nur noch nach dem rechnerischen Anteil, der ihm bisher noch nicht gehört hat.

Beispiel:

Der Ersteigerer war bisher Miteigentümer zu einem Viertel, gleichgültig ob in Bruchteils- oder Gesamthandsgemeinschaft. Das Meistgebot hat 200.000 Euro betragen. Er zahlt eine Zuschlagsgebühr nur aus 150.000 Euro, das heißt nur 809 Euro statt 1.019 Euro.

Auch für die spätere Eintragung des Erstehers als neuer Eigentümer im Grundbuch ist eine Gebühr geschuldet.

Zu zahlen ist eine volle Gebühr nach Nr. 14 110 Nr. 1 KV zum GNotKG. Ihr Wert richtet sich

- nach dem Meistgebot (Bargebot einschließlich Wert der bestehen gebliebenen Rechte), wenn dieser Wert höher ist als der Verkehrswert (§ 74a Abs. 5 ZVG),
  oder
- nach dem Verkehrswert, wenn dieser höher ist als das Meistgebot.

Es kann ein niedrigerer oder höherer Wert festgesetzt werden, wenn erhebliche Umstände dafür sprechen, dass der vorstehend genannte Wert nicht mehr zutreffend ist. Wurde Zubehör (vgl. Kapitel 2.2) mitversteigert, ist dessen Wert in Abzug zu bringen. (Sollte man für eine Einbauküche fordern!).

[35] Dazu BGH, Urteil vom 20.10.2010 – XII ZR 11/08, Rpfleger 2011, 169.

Nachstehend einige Gebührenbeispiele:

Wert	Gebühr	Wert	Gebühr
5.000 Euro	45 Euro	100.000 Euro	273 Euro
10.000 Euro	75 Euro	150.000 Euro	354 Euro
20.000 Euro	107 Euro	180.000 Euro	408 Euro
50.000 Euro	165 Euro	200.000 Euro	435 Euro
80.000 Euro	219 Euro	500.000 Euro	935 Euro

Die Mindestgebühr beträgt 15 Euro. Eine Ermäßigung, wenn Angehörige (Ehegatten, Lebensgefährten, Kinder) des bisherigen Eigentümers ersteigert haben, ist nicht vorgesehen.

Leider ist (anders als bei der Zuschlagsgebühr) keine Ermäßigung vorgesehen, wenn der Ersteher in der Teilungsversteigerung schon bisher Miteigentümer war, beispielsweise wenn das Grundstück drei Erben zu gleichen Teilen gehörte und von einem der Erben ersteigert wird. Beim normalen Kauf würde dies zu einer Ermäßigung führen (§ 70 Abs. 2 GNotKG). Für den Erwerb in der Versteigerung verweigert man aber zum Wohl der Landeskasse mit einer formalistischen Begründung dem Ersteher diese Ermäßigung. Die optimistische gegenteilige Ansicht in der 12. Auflage hat sich nicht durchgesetzt.

Gleiches gilt sogar dann, wenn der Ersteher bisher Miteigentümer in Bruchteilsgemeinschaft war, weil etwa nach Ehescheidung das bisher beiden Ehegatten gehörende Haus vom Ehemann ersteigert wurde. Und natürlich auch dann, wenn der Schuldner in der Vollstreckungsversteigerung sein eigenes Haus zurück ersteigert.

10.

Mustertexte und Erläuterungen

Muster 1: Vertretungs- und Bietevollmacht

Ich
Katharina Reich, geb. Arm, wohnhaft Kaiserslautern, Am Betzenberg 199, (1)
bevollmächtige hiermit
meinen Ehemann Hans Reich, wohnhaft ebenda, (2)
mich in allen Zwangsversteigerungsverfahren zu vertreten, insbesondere für mich Gebote abzugeben und auch im Verteilungstermin alle Erklärungen abzugeben, welche in Betracht kommen können.
Die Vollmacht berechtigt auch zum Geldempfang.
Von der Vertretungsbeschränkung des § 181 BGB wird Befreiung erteilt.
Kaiserslautern, den 20.02.2026
(3)
Vorstehende Unterschrift der
Frau Katharina Reich, geb. Arm
welche diese vor mir vollzogen hat, wird hiermit als echt öffentlich beglaubigt.
Die Erschienene hat sich ausgewiesen durch Personalausweis Nr. ...
Die Erschienene ist mir persönlich bekannt. (4)
Kaiserslautern, den 20.02.2026
(5)

Erläuterungen:

(1) Name der Person, welche die Vollmacht erteilt hat. Sie muss wegen der Unterschriftsbeglaubigung zu einer Urkundsperson gehen und – soweit sie dort nicht persönlich bekannt ist – einen amtlichen Ausweis mitbringen.

(2) Name der Person, die bevollmächtigt wird, die später zum Versteigerungstermin geht. Sie muss bei der Vollmachtserteilung nicht anwesend sein.

(3) Hier wird erst in Anwesenheit der Urkundsperson unterschrieben.

(4) Wenn die Erschienene der Urkundsperson bekannt ist, kann der vorausgehende Satz (Personalausweisvorlage) entfallen bzw. gestrichen werden.
(5) Hier unterschreibt die Urkundsperson.

Die Vollmacht ist auf alle Versteigerungstermine ausgestellt, da ja nicht im Voraus bekannt ist, ob etwa mehrere Versteigerungstermine wahrgenommen werden sollen. Es ist zweckmäßig, eine einfache Kopie in den Termin mitzunehmen und Original und Kopie dem Rechtspfleger beim ersten Gebot vorzulegen. Bleibt dann der Bevollmächtigte nicht Meistbietender, behält der Rechtspfleger die Kopie in den Akten und gibt das Original für den nächsten Gebrauch zurück.

Muster 2: Schreiben des Erstehers an den bisherigen Eigentümer, der im Haus wohnt

Eheleute Hans und Katharina Reich (1)

67655 Kaiserslautern
Am Betzenberg 199
Tel. 0631/68206

09.03.2026

Herrn und Frau
Gerhard und Agnes Schuldig (2)
Hauptstraße 44
98765 Krottelbach

Räumung des Grundstücks Hauptstraße 44 in Krottelbach (3)

Sehr geehrte Frau Schuldig, Sehr geehrter Herr Schuldig,
wie Sie wissen, haben wir das vorgenannte Grundstück ersteigert. Der Zuschlag wurde uns am 06.03.2026 erteilt. Wir sind nunmehr Eigentümer des Grundstücks.
Ihr Recht zum Besitz ist damit erloschen. Wir müssen Sie deshalb bitten, das Grundstück zusammen mit Ihren Familienangehörigen unverzüglich, spätestens jedoch am 31.03.2026 (4) zu räumen und an uns herauszugeben.
Wir werden zur Besichtigung am 12.03.2026 um 10 Uhr bei Ihnen vorsprechen und erwarten, dass Sie uns zu diesem Termin die Innenbesichtigung ermöglichen oder aber, wenn dieser Termin für Sie nicht möglich ist, dass Sie uns sofort telefonisch einen anderen Termin vorschlagen. Bei dieser Gelegenheit können Einzelheiten bezüglich der Räumung erörtert werden. (5)
Da Sie das Grundstück derzeit nutzen, ohne noch Eigentümer zu sein, fordern wir Sie weiter auf, als Gesamtschuldner (6) ab 06.03.2026 bis zum Tag der Räumung/Übergabe eine Nutzungsentschädigung von 10 Euro (7) pro Tag zu zahlen. Hierin darf kein Angebot auf Abschluss eines Mietvertrags oder eine Verlängerung der vorgenannten Räumungsfrist

gesehen werden. Wir gestatten uns den Hinweis, dass gegen Sie Zwangsräumung durch den Gerichtsvollzieher ohne vorheriges weiteres Verfahren zulässig ist und stattfinden wird, wenn Sie dieser Aufforderung nicht nachkommen.

Mit freundlichen Grüßen
Unterschriften
Hans Reich, Katharina Reich

Erläuterungen:

(1) Name, Anschrift und Telefon der Ersteher

(2) Name/Anschrift der bisherigen Eigentümer

(3) Bezeichnung des ersteigerten Grundstücks

(4) Diese Frist bestimmt der Ersteher; sie sollte wenigstens zwei Wochen betragen.

(5) Nun ist der bisherige Eigentümer verpflichtet, dem Ersteher die Innenbesichtigung zu gestatten. Allerdings ist dies nur schwer durchsetzbar. Das Vollstreckungsgericht kann nicht helfen. Weigert sich der bisherige Eigentümer, ist dies ein Argument gegen seinen eventuell gestellten Antrag auf Räumungsschutz.

(6) Die Worte „als Gesamtschuldner" werden nur benötigt, wenn mehrere volljährige Personen ausziehen sollen. 10

(7) Diesen Betrag bestimmt der Ersteher nach seinem Ermessen in Anlehnung an die ortsübliche Miete. Man sollte auf jeden Fall eine Nutzungsentschädigung fordern, auch wenn man diese später dem Nutzer erlässt, wenn er freiwillig auszieht. Zahlt er nicht, ist das ebenfalls ein Argument gegen seinen Antrag auf Räumungsschutz.

Muster 3: Antrag an das Versteigerungsgericht auf Erteilung einer Vollstreckungsklausel auf dem Zuschlagsbeschluss

Eheleute Hans und Katharina Reich

67655 Kaiserslautern
Am Betzenberg 199
Tel. 0631/68206

01.04.2026

Amtsgericht Kaiserslautern (1)

Zwangsversteigerung gegen Gerhard und Agnes Schuldig, 4 K 99/25.
hier: Antrag auf Erteilung einer Vollstreckungsklausel

Sehr geehrte Damen und Herren,
mit Zuschlagsbeschluss vom 06.03.2026 wurde uns das Grundstück

Krottelbach, Hauptstraße 44

zugeschlagen.

Im Hausanwesen wohnen:
Der Schuldner Gerhard Schuldig,
seine Ehefrau und bisherige Miteigentümerin Agnes Schuldig,
deren volljähriger Sohn Günter Schuldig
sowie ein minderjähriges Kind (Name unbekannt).

10

Wir beantragen, uns eine vollstreckbare Ausfertigung des Zuschlagsbeschlusses gegen die vorgenannten Personen zum Zweck der Zwangsvollstreckung auf Räumung und Herausgabe zu erteilen. (2)
Die Schuldner haben bei ihrem Auszug folgende Gegenstände mitgenommen, die mitversteigert sind:
1 Gasofen Marke Vulkan
3 Haustürschlüssel (BKS-Schloss)
Bauplan mit Baugenehmigung für das Haus

Wir beantragen, uns zum Zweck der Zwangsvollstreckung auf Herausgabe der vorgenannten Gegenstände eine vollstreckbare Ausfertigung des Zuschlagsbeschlusses zu erteilen. (3)

Mit freundlichen Grüßen
Unterschriften
Hans Reich, Katharina Reich

Erläuterungen:

(1) Dieser Antrag geht an das Gericht, das die Versteigerung durchgeführt hat.

(2) Dieser Text wird benötigt, wenn die bisherigen Eigentümer nicht ausgezogen sind und zwangsweise geräumt werden sollen.

(3) Dieser Text wird nur benötigt, wenn die Eigentümer bereits ausgezogen sind und hierbei mitversteigerte Gegenstände mitgenommen haben. Diese Zwangsvollstreckung gestaltet sich allgemein schwierig; nicht zuletzt wegen der Notwendigkeit, die Gegenstände ganz genau zu bezeichnen. Wahrscheinlich wird sie der Gerichtsvollzieher nicht finden! Deshalb sollte man vorher genau überlegen, ob man nicht besser auf diese Vollstreckung verzichtet.

Muster 4: Vollstreckungsauftrag an einen Gerichtsvollzieher zur Vollstreckung

Hans und Katharina Reich

67655 Kaiserslautern
Am Betzenberg 199
Tel. 0631/68206

07.04.2026

Amtsgericht – Gerichtsvollzieher-Verteilungsstelle Kusel (Landstuhl) (1)
Anlage: 1 Zuschlagsbeschluss mit Vollstreckungsklausel.

Sehr geehrte Damen und Herren,
hiermit erteilen wir dem zuständigen Gerichtsvollzieher

Vollstreckungsauftrag

zur Zwangsvollstreckung
auf Räumung und Herausgabe des Grundstücks
Krottelbach, Hauptstraße 44
gegen die in der anliegenden Vollstreckungsklausel näher bezeichneten Personen ... (2)
auf Herausgabe der in der Klausel näher bezeichneten Gegenstände ... (nochmals bezeichnen) gegen die Besitzer Gerhard und Agnes Schuldig,
10 jetzt wohnhaft Landstuhl, Am Sickinger Würfel 99. (3)

Mit freundlichen Grüßen
Unterschriften
Hans und Katharina Reich

Erläuterungen:

(1) Dieser Antrag richtet sich an folgende Gerichte:

- Falls Räumung verlangt wird, an das Gericht, in dessen Bezirk das Grundstück liegt. Im Fall der Zentralisierung kann das ein anderes Gericht als das Versteigerungsgericht sein. Bei diesem Gericht wird auch ein etwaiger Antrag auf Räumungsschutz verhandelt.

- Falls die Herausgabe von Gegenständen verlangt wird, an das Gericht, in dessen Bezirk der bisherige Eigentümer jetzt wohnt. Es ist zulässig, diesen Antrag direkt an den zuständigen Gerichtsvollzieher zu geben. (Das kann telefonisch beim Gericht erfragt werden.)

(2) Dieser Text ist erforderlich, wenn Räumung verlangt wird. Die nochmalige Aufzählung der betreffenden Personen ist zweckmäßig.

(3) Dieser Text ist erforderlich, wenn die Herausgabe mitversteigerter Gegenstände verlangt wird.

Muster 5: Antrag auf Anordnung der Teilungsversteigerung

Georg Böse, Rektor i. R.

Pirmasens

Exerzierplatz 199

30.03.2026

Amtsgericht Kaiserslautern (1)

Antrag auf Zwangsversteigerung zum Zweck der Aufhebung einer Gemeinschaft

Anlage:	1 Grundbuchabschrift	
	1 Erbschein nach Friedrich Böse VI 444/10	(2)
	1 Kopie eines Mietvertrags	(3)
	1 Kopie einer Schätzungsurkunde	(4)

Sehr geehrte Damen und Herren,
im Grundbuch von Mölschbach Blatt 111 sind als Eigentümer des Grundstücks
FlSt. 999, Wohnhaus und Garten mit 0,0411 ha eingetragen:

a) Ich selbst,
b) mein Bruder Friedrich Böse,
c) meine Schwester Antonia Gut, geb. Böse, wohnhaft in 66869 Kusel, Amtsstr. 4

in Erbengemeinschaft.

Mein Bruder Friedrich Böse ist am 23.12.2013 in Kaiserslautern verstorben und wurde aufgrund des beigefügten Erbscheins von seinen volljährigen Kindern

a) Monika Leicht, geb. Böse, wohnhaft in Mannheim, Im Jungbusch 44,
b) Peter Böse, derzeit in der Justizvollzugsanstalt Zweibrücken inhaftiert,

beerbt.

Alle Versuche, die Erbengemeinschaft durch Vereinbarung aufzulösen, sind leider bisher gescheitert.
Ich beantrage daher, die Zwangsversteigerung des vorgenannten Grundstücks zum Zweck der Aufhebung einer Gemeinschaft anzuordnen.
Das Haus ist vermietet an Veronika Lieb, die Lebensgefährtin meines Neffen Peter Böse. Im Rahmen der versuchten Auseinandersetzung wurde eine Schätzung des amtlich bestellten Sachverständigen Fritz Theuer angefertigt, welche ich in Kopie ebenfalls beifüge.

Mit freundlichen Grüßen
Unterschrift
Georg Böse

Erläuterungen:

(1) Der Antrag ist an das Gericht zu richten, in dessen Bezirk das Grundstück liegt; bei Zentralisierung an das Zentralgericht. Es sind so viele Kopien beizufügen, wie Antragsgegner vorhanden sind; hier drei Kopien.

(2) Erbschein und entsprechender Text im Antrag sind nur erforderlich, wenn Personen, die noch als Eigentümer im Grundbuch stehen, verstorben sind.

(3) Es ist zweckmäßig, aber nicht zwingend erforderlich, vorhandene Mietverträge beizufügen. Anderenfalls sollte man aufschreiben, wer im Haus wohnt. Soweit bekannt, sollte man angeben, welche Mietkaution die Mieter bezahlt haben und wo sich diese befindet. 10

(4) Soweit eine Schätzung vorhanden ist (nicht eigens hierfür anfertigen lassen!), füge man diese in Kopie bei.

Muster 6: Antrag auf einstweilige Verfahrenseinstellung nach angeordneter Teilungsversteigerung

Elisabeth Müde geb. Lustig

Frankenstein
Am Schlossberg 99

25.03.2026

Amtsgericht Kaiserslautern

Anordnung der Zwangsversteigerung zur Aufhebung einer Gemeinschaft durch dortigen Beschluss vom 11.03.2026 – 2 K 111/26 –; mir zugestellt am 18.03.2026

Sehr geehrte Damen und Herren,
meine Ehe mit Theodor Müde ist seit dem 04.02.2025 rechtskräftig geschieden. Mein Ehemann, der aus der ehelichen Wohnung ausgezogen ist und jetzt bei seiner Lebensgefährtin wohnt, hat die Zwangsversteigerung des Wohnhauses Frankenstein, Am Schlossberg 99, zur Aufhebung der bestehenden Bruchteilsgemeinschaft beantragt. Das Hausanwesen wird derzeit von mir und unseren gemeinsamen Kindern, Hans, 7 Jahre alt und Ursula, 5 Jahre alt, bewohnt.

Ich beantrage:
das Verfahren auf die höchstmögliche Dauer einstweilen einzustellen.
Zur Begründung trage ich vor:
Der Verlust des Hauses würde mit hoher Wahrscheinlichkeit dazu führen, dass unsere Kinder und ich das Haus räumen müssen, da es für zwei Familien keinen Platz bietet. Eine finanziell erschwingliche Wohnung ist derzeit in Frankenstein nicht zu mieten. Ein Ortswechsel würde mir und den beiden Kindern große Probleme bereiten. Ich bin in Frankenstein halbtags berufstätig. Mein Sohn besucht dort die 1. Klasse der Grundschule, meine Tochter den Kindergarten. Beide haben freundschaftliche Beziehungen zu vielen Kindern im Ort.
Meine Eltern, Hans und Susanne Lustig, haben in Frankenstein einen Bauplatz erworben und mit dem Bau eines Hauses begonnen. Nach des-

sen Fertigstellung werden wir dort eine Wohnung erhalten. Da der Bau weitgehend in Eigenleistung gefertigt wird, ist mit einem Einzug erst im Sommer des Jahres 2027 zu rechnen. Ich strebe daher an, die Einstellung des Verfahrens bis dahin zu erreichen.
Meinem geschiedenen Ehemann ist diese Einstellung zuzumuten. Er hat einen für sich ausreichenden Verdienst und kürzt unsere Unterhaltszahlungen gegenüber seiner Regelverpflichtung um 50 Euro monatlich, weil wir im gemeinsamen Haus leben. Außerdem trage ich alle Hauslasten.

Mit freundlichen Grüßen
Unterschrift
Elisabeth Müde

Erläuterungen:

Die einstweilige Einstellung ist grundsätzlich nur auf die Dauer von sechs Monaten zulässig und kann im Normalfall nur einmal wiederholt werden. Nur mit Rücksicht auf die gemeinsamen Kinder – und nur, wenn außer den Ehegatten kein weiterer Miteigentümer vorhanden ist – kann das Verfahren immer wieder bis maximal fünf Jahre eingestellt werden.

Man sollte alles vortragen, was nach der Ansicht des Antragsgegners sachgemäß sein kann. 10

Der Antrag muss innerhalb von zwei Wochen ab Zustellung des Anordnungsbeschlusses beim Gericht eingegangen sein!

Eine Kopie (für den Antragsteller) ist beizufügen.

Keine Angst, wenn der Antragsteller einen Rechtsanwalt beauftragt haben sollte. Auch Rechtsanwälte können keine Bäume ausreißen!

Muster 7: Antrag auf Zulassung einer abweichenden Versteigerungsbedingung

Fritz Kümmerlich

66666 Musterstadt
Im hinteren Loch 1a

Klara Kümmerlich, geb. Kräftig

66666 Musterstadt
Im feinen Winkel 33

31.07.2025

Amtsgericht Musterstadt

Zwangsversteigerungssache zur Aufhebung einer Gemeinschaft Kümmerlich Klara gegen Kümmerlich Fritz – 2 K 66/25

Wir sind Miteigentümer je zur Hälfte des zu versteigernden Grundstücks Musterstadt, Prachtstraße 1. Im dortigen Grundbuch ist unter laufender Nummer 1 der Abteilung III eine Grundschuld zugunsten der Rheinischen Sandbank in Ludwigshafen in Höhe von 50.000 Euro eingetragen.

Variation 1
Das von der Grundschuld zu sichernde Darlehen ist längst zurückgezahlt. In der Anlage fügen wir eine öffentlich beglaubigte Löschungsbewilligung der Gläubigerin und den Grundschuldbrief bei und beantragen, das Grundstück nur mit der abweichenden Versteigerungsbedingung auszubieten, dass die genannte Grundschuld erlischt.

Variation 2
Das von der Grundschuld zu sichernde Darlehen ist längst zurückgezahlt. Die Grundschuld soll im Rahmen der Zwangsversteigerung gelöscht werden. Wir beantragen daher, das Grundstück nur mit der abweichenden Versteigerungsbedingung auszubieten, dass die Grundschuld erlischt. Die Gläubigerin wird ihre Zustimmung in gesondertem Schreiben dem Gericht mitteilen und den Brief dort vorlegen.

Variation 3

Das von der Grundschuld gesicherte Darlehen valutiert noch mit einem Restbetrag von ungefähr 12.000 Euro. Die Gläubigerin ist damit einverstanden, dass das Darlehen anlässlich der Zwangsversteigerung zurückgezahlt wird. Deshalb beantragen wir, das Grundstück nur mit der abweichenden Versteigerungsbedingung auszubieten, dass

a. die Grundschuld erlischt, und
b. der von der Bank dem Gericht mitzuteilende Geldbetrag als bar zu zahlender Betrag in das Mindestbargebot aufgenommen wird.

Wir sind damit einverstanden, dass dieser Geldbetrag im Verteilungstermin aus dem Versteigerungserlös vorweg an die Gläubigerin ausgezahlt wird.
Die Gläubigerin wird ihre Zustimmung zu dieser Abweichung und den von ihr noch geforderten Geldbetrag dem Gericht in einem gesonderten Schreiben mitteilen und den Grundschuldbrief vorlegen.

Mit freundlichen Grüßen
Unterschriften
Fritz Kümmerlich, Klara Kümmerlich

Erläuterungen:

10

Nach hiesiger Auffassung müssen die Unterschriften nicht beglaubigt werden. Ist der Rechtspfleger anderer Meinung, so erklären Sie ihm, es handle sich um eine Vorankündigung und Sie würden den Antrag im Termin mündlich wiederholen, damit er dort protokolliert werden kann.

Erkundigen Sie sich, ob die Unterschrift der Bank beglaubigt werden muss, wenn diese weder ein Siegel führt (Landesbank, Stadt- oder Kreissparkasse führen z. B. ein eigenes Siegel!) noch zum Termin einen Vertreter entsenden will.

Falls bereits auf Betreiben der Bank deren Verzicht auf die Grundschuld (ganz oder teilweise) im Grundbuch eingetragen ist, sollen beide Parteien im Versteigerungstermin wegen des vom Verzicht betroffenen

Teiles die Löschung als abweichende Versteigerungsbedingung beantragen. Hierzu ist eine Zustimmung der Bank nicht erforderlich.

Diese Fragen sollten Sie dem Rechtspfleger stellen!

In jedem Fall, insbesondere wenn das Grundstück bebaut ist

- Wie hoch ist voraussichtlich das „geringste Gebot“?
- Bleiben voraussichtlich Rechte bestehen? Wenn ja, welche?
- Bei bestehen bleibenden Grundschulden: Ist die Grundschuld laut Bestellungsurkunde (Grundakten!) „fällig“? Wenn ja, kann sie vom Ersteher abgelöst werden?
- Kann ich das Gutachten einsehen?
- Kann ich gegen Schreibgebühr (wie viel?) eine Abschrift des Gutachtens erhalten?
- Wer ist als Eigentümer eingetragen? (wird in der Terminsbestimmung aus Datenschutzgründen nicht mehr angegeben)
- Was ist über die Nutzung bekannt?
  - Wohnt der Eigentümer im Haus?
  - Wohnen Mieter im Haus?
  - Gibt es Mieter-Anmeldungen?
  - Hat das Gericht Mietverträge in den Akten? (Besonders wichtig bei der Teilungsversteigerung!)
- Wenn vermietet ist: Weiß das Gericht etwas über die Kaution?
- Steht das Objekt unter Zwangsverwaltung? Wenn ja, wer ist der Verwalter?
- Wer (insbesondere welche Bank) betreibt erstrangig die Zwangsversteigerung und aus welchem Recht?
- Wird in dieser Gemeinde ein „Baulastenverzeichnis“ geführt? Wenn ja, ist dem Gericht bekannt, ob für das Versteigerungsobjekt Einträge vorliegen? Welche? Anderenfalls: Wo wird das Verzeichnis geführt?
- Ist das Objekt brandversichert? (Wenn das Gericht dies nicht weiß – die Bank weiß es bestimmt!)
- Ist ein Bodenschutzvermerk eingetragen?

Mehrere Grundstücke stehen zur Versteigerung

- Sind die (zwei oder mehrere) Grundstücke einheitlich bebaut? Werden sie demnach von Amts wegen zusammen versteigert?
- Anderenfalls: Ist ein Gesamtausgebot möglich?
  - Wird das Gericht ein solches anregen?
  - Kommt ein Gruppenausgebot (welcher Grundstücke) in Betracht?

Ein Leibgeding/Wohnungsrecht bleibt bestehen

- Kommt das Erlöschen des Leibgedings durch „Doppelausgebot" in Betracht? (Wer wirklich trotz Leibgeding mitbieten will: Ich möchte den genauen Inhalt des Leibgedings in der Bestellungsurkunde einsehen!)
- Auch bei einem bestehen bleibenden Wohnungsrecht unbedingt die genauen Bedingungen (Umfang) einsehen!

Es handelt sich um eine Teilungsversteigerung

1. Wer ist Antragsteller? (Name/Anschrift)
2. Gibt es Mieter im Haus? Hat das Gericht Mietverträge? Weiß es etwas über die Kaution?
3. Wer ist Antragsgegner? (Verweigert der Antragsteller Auskünfte – weil er selbst ersteigern will – gibt vielleicht der Antragsgegner die erforderlichen Auskünfte!)
4. Falls das Objekt vermietet ist: Wohnte der Mieter bereits in der Wohnung, als die Aufteilung in Wohnungseigentum erfolgte? (siehe Kapitel 8.2)

Ein Erbbaurecht wird versteigert

- Wer ist „Ausgeber" des Erbbaurechts?
- Ist dessen Zustimmung zum Zuschlag erforderlich? (Meist leider ja!)
- Wie hoch ist der im Grundbuch eingetragene Erbbauzins?
- Gibt es eine Gleitklausel?
- Handelt es sich um ein Erbbaurecht, das bereits nach neuem Recht mit Erbbauzins-Anpassung eingetragen ist?

- Wie lange läuft das Erbbaurecht noch?
- Wird der Erbbauzins bestehen bleiben oder ausnahmsweise erlöschen?

Eine Eigentumswohnung wird versteigert

- Wer ist Verwalter nach dem Wohnungseigentumsgesetz?
- Wie hoch ist derzeit das Hausgeld?
- Wo kann man die Teilungserklärung einsehen?

> ***Praxis-Tipp:***
>
> *Falls beim Gericht keine ausreichenden Auskünfte zu erlangen sind, sollte man eventuell beim Verwalter fragen. Dieser weiß, wie hoch derzeit das Hausgeld ist, welche zusätzlichen Vorschüsse auf die Betriebskosten (Heizung etc.) erhoben werden. Und dort liegt in jedem Fall die Teilungserklärung. Auch sollte man fragen, ob demnächst (aber nach dem Zuschlag) ein Beschluss der Eigentümergemeinschaft über eine Umlage zu erwarten ist!*

Höhe der Grunderwerbsteuer in den Bundesländern

Höhe der Grunderwerbsteuer in den Bundesländern	
Baden-Württemberg	5,0 %
Bayern	3,5 %
Berlin	6,0 %
Brandenburg	6,5 %
Bremen	5,5 %
Hamburg	5,5 %
Hessen	6,0 %
Mecklenburg-Vorpommern	6,0 %
Niedersachsen	5,0 %
Nordrhein-Westfalen	6,5 %
Rheinland-Pfalz	5,0 %
Saarland	6,5 %
Sachsen	5,5 %
Sachsen-Anhalt	5,0 %
Schleswig-Holstein	6,5 %
Thüringen	5,0 %

Stichwortverzeichnis

11